AF522960

DER VERLAG

… und Gott schuf die Tiere

Von schlauen Eseln, gefräßigen Heuschrecken, schwarzen Schafen und anderen tierischen Geschöpfen

Frank Brandstätter

1. Auflage Juni 2022

Gestaltung, Satz und Herstellung:
OCM GmbH, Dortmund

Verlag:
OCM GmbH, Dortmund, www.ocm-verlag.de

ISBN 978-3-942672-97-9

Bibliografische Information der Deutschen Nationalbibliothek

Die Deutsche Nationalbibliothek verzeichnet diese Publikation in der Deutschen Nationalbibliografie; detaillierte bibliografische Daten sind im Internet über **http://dnb.d-nb.de** abrufbar.

Inhaltsverzeichnis

Ein paar Worte zuvor ... 7
Ein wenig Bibel-Mathematik 9
Die Arche Noah 13
Wiedehopfe 17
Adler und Geier 18
Eulen 20
Tauben 24
Pfauen 28
Störche 30
Pelikane 32
Strauße 34
Krokodile 37
Schlangen 41
  Sandrennnattern 46
  Der Aaronsstab 47
  Zornnattern 48
Fische 49
Lazarus-Tierarten 51
Affen 53
Bären 55
Wölfe und Füchse 57
Löwen 61
Leoparden 66
Hasen und Nicht-Kaninchen 69
Haustiere 72
Esel 73
Flusspferde 79
Schweine 80
Kamele 82
Schafe und Ziegen 86
Hausrinder 92
Hirsche 96
Wanderheuschrecken 99
Quellen 103
Bildnachweis 109
Dr. Frank Brandstätter 111

Ein paar Worte zuvor ...

Ganz gleich, mit welchem Schwerpunkt man sich den Texten der Bibel widmet, so ist sie auch heute noch eine wahre Fundgrube von Daten, Fakten und Philosophien. Die sogenannten „Urschriften" sind größtenteils aus mündlichen Überlieferungen entstanden und folglich nicht wörtlich zu nehmen. Die Schriften des Alten Testaments beispielweise basieren auf mündlichen Überlieferungen, die bis ins zweite Jahrtausend vor Christus zurückreichen, aber erst ab dem 6. Jahrhundert v. Chr. niedergeschrieben wurden.

Gleichwohl zeichnen die Texte zusammengenommen ein Bild der damaligen Zeit. Als ich seinerzeit damit begonnen hatte, die zoologischen Angaben in der Bibel zu analysieren, war ich überrascht, wie exakt manche Textstellen in der Beschreibung der Arten oder deren Biologie waren. Die auf Tiere bezogenen Textstellen der Bibel (sowohl im Alten, als auch im Neuen Testament) lesen sich wie eine Faunenbeschreibung der damaligen Zeit.

Geographisch umfasst das „Bibelland" in etwa den Großraum Osttürkei, Naher Osten (Israel, Jordanien, Syrien, Libanon), Mesopotamien (Iran, Irak) und Ägypten (mit Sinai, Arabische Halbinsel). Einige wenige Verweise auf andere Regionen tauchen ebenfalls auf (und liefern dann auch ganz spezielle Hinweise - siehe zum Beispiel Malta im Kapitel über Schlangen). Die vorherrschenden Landschaftsformen sind halbwüstenartige Biotope, Wüsten, Trockensteppen und Hochgebirgsregionen. In alttestamentarischer Zeit waren fruchtbare Grünstreifen noch weiter verbreitet. Sogar Wälder hat es mancherorts noch gegeben. Die fortschreitende Entwaldung, ein scheinbar modernes Umweltproblem, wird bereits im Alten Testament erwähnt *(Josua 17: 18 ... zwar bedecken es Wälder, du [Ephraim] aber wirst es roden, ...)*. Seit dem Neolithikum (ca. 12.000 v. Chr.) wurden die Wälder zum Zwecke der Landwirtschaft und für den Schiffbau gerodet. Eine Wiederaufforstung wurde durch Viehfraß seitens der zahlreichen Schaf- und Ziegenherden verhindert - Folgen der dichten Besiedlung des alttestamentarischen Raumes.

Selbstverständlich muss die Bibel vor dem Hintergrund der unterschiedlichen Traduktionen und Übersetzungen gelesen und interpretiert werden. Im vorliegenden Band wird versucht, die Bestimmung der einzelnen Tierarten so exakt wie möglich vorzunehmen. Dazu werden die in den Texten gegebenen Hinweise gründlich überprüft und analysiert. Die entsprechenden Bibelzitate werden genannt. Um eine einheitliche Zitation zu gewährleisten, stammen alle Bibelzitate aus „Die Bibel. Die Heilige Schrift des Alten und Neuen Bundes" der Herder-Bücherei (22. Auflage, 1977). In einigen wenigen Fällen wurden ergänzend andere Bibelstellen hinzugezogen. Dies ist dann explizit erwähnt.

Meine eigene Auseinandersetzung mit den Texten der Bibel begann mit einem Zufallsfund. Im Rahmen meiner Forschungsarbeit zur Biologie von Sandrennnattern *(Psammophis)* habe ich mich auch mit der Astmimese dieser Tiere befasst. Dank meiner recht umfangreichen Bibelkenntnisse erinnerte ich mich an die Geschichte vom Stab des Moses. Überrascht kam ich zu dem Schluss, dass der Stab des Mose kein Wunderding war, sondern eine Sandrennnatter, die das Phänomen der Astmimese zeigt. Diese neue Erkenntnis (publiziert 1997) veranlasste mich, nach weiteren „Tiergeschichten" in der Bibel zu suchen. Als praktische Umsetzung boten wir ab 1996 Führungen zum Thema „Tiere der Bibel" im Neunkircher Zoologischen Garten an, dessen Direktor ich seinerzeit war. Die Parallelen liegen auf der Hand: Ähnlich wie Zoologische Gärten einen Teil des natürlichen Erbes für die Nachwelt erhalten, bewahren die Bibeltexte antikes Wissen.

Zuweilen taucht die Frage auf: Naturwissenschaft und Bibel – ist das kein Widerspruch? Nein. Ich schließe mich hierzu gerne der Sicht des Religionswissenschaftlers Michael Blume an: Religiöse Mythologien und wissenschaftliche Theorien widersprechen sich nicht, sie ergänzen sich.

Seit über zwanzig Jahren befasse ich mich nun mit den Tieren der Bibel und im vorliegenden Band fasse ich noch einmal meine gegenwärtigen Erkenntnisse zum Thema zusammen. Das Buch erhebt keinen Anspruch auf Vollständigkeit oder ewige Gültigkeit. Es gibt den Stand der Kenntnis zum gegenwärtigen Zeitpunkt wieder.

Die langjährige umfassende Arbeit wurde selbstverständlich von vielen lieben Menschen unterstützt, die mir wichtige Literaturhinweise gegeben oder durch ihre Diskussionsbereitschaft wichtige Denkanstöße gegeben haben. Ihnen allen möchte ich danken, allen voran meinem lieben Freund und Kollegen Dr. Bernhard Blaszkiewitz, meinem frühen Mentor Prof. Dr. Wolfgang Böhme, meinem Schulfreund Dr. Thomas Raber, Pfarrerin Ellen Gradtke, meiner lieben Freundin und Kollegin Ilona Schappert, meinem Freund Marcel Stawinoga, der den Kick gegeben hat, dieses Buch zu verfassen, und dem Team vom OCM Verlag, das diese Idee sofort aufgegriffen und mit viel Engagement umgesetzt hat.

Außerdem danke ich den beiden liebsten Menschen in meinem Leben, Björn Hermann und Christine Brandstätter, sowie meinen Eltern. Letztere haben durch den Erwerb der Kinderbibel „Menschen in Gottes Hand" von Arthur S. Maxwell dazu beigetragen, dass ich mich in der Bibel gut orientieren konnte.

Dr. Frank Brandstätter
Dortmund im Mai 2022

Ein wenig Bibel-Mathematik

In sieben Tagen hat Gott die Welt erschaffen – so oder so ähnlich wurde es uns erzählt. Sieben Tage, in denen Gott das Licht (1. Tag), den Himmel (2. Tag), Wasser, Land und Pflanzen (3. Tag), Sonne, Mond und Sterne (4. Tag), wasserlebende Tiere und Vögel (5. Tag) und die landlebenden Tiere und Menschen (6. Tag) schuf. Am siebten Tag, so der Text des Alten Testamentes, „vollendete" er Himmel und Erde und ruhte sich aus (Genesis 2,1).

Erster Schöpfungsbericht

GENESIS 1

1 Im Anfang schuf Gott den Himmel und die Erde. ... 5 Gott nannte
das Licht Tag, und die Finsternis Nacht. Es ward Abend, und es ward
Morgen: erster Tag. ... 7 Gott machte das Firmament... 8 Gott nannte
das Firmament Himmel. Es ward Abend, und es ward Morgen: zweiter
Tag. 9 Nun sprach Gott: „Es sammle sich das Wasser, das unter dem
Himmel ist ... und es erscheine das trockene Land!"... 11 Dann sprach
Gott: „Es lasse grünen die Erde Grünes, Kraut, das Samen bringt nach
seiner Art, und Bäume, die Früchte tragen nach ihrer Art ... 13 Es ward
Abend, und es ward Morgen: dritter Tag. ... 17 Gott setzte sie [Sonne,
Mond, Sterne] an das Firmament des Himmels, ... 19 Es ward Abend,
und es ward Morgen: vierter Tag. 20 ... „Es sollen die Wasser wimmeln
vom Gewimmel lebendiger Wesen, und Vögel sollen über die Erde am
Firmament des Himmels hinfliegen!" ... 21 Gott schuf die großen See-
tiere und alle lebendigen Wesen, die sich regen und von denen das Wasser wimmelt, nach ihren Arten, und alle geflügelten Vögel nach ihren
Arten. ... 23 Es ward Abend, und es ward Morgen: fünfter Tag. 24 ... „Es
bringe die Erde hervor lebendige Wesen nach ihren Arten: Vieh, Gewürm
und Wild des Feldes nach ihren Arten!" ... 25 Gott machte das Wild
des Feldes nach seinen Arten und alles Gewürm auf dem Erdboden
nach seinen Arten. ... 26 Nun sprach Gott: „Lasst uns den Menschen
machen ..." 31 ... Es ward Abend, und es ward Morgen: sechster Tag.

2 Gott vollendete am siebten Tag sein Werk ... und ruhte am siebten Tag
von seinem ganzen Werk ...

In jeder großen Religion, aber auch in den Überlieferungen der Völker, gibt es einen Schöpfungsmythos. Allen gemeinsam ist der Versuch, die Existenz der

Welt in ihrer gegenwärtigen Erscheinungsform zu erklären. Die Bibel selbst gibt sogar zwei Versionen der Schöpfungsgeschichte wieder.

Der „Zweite Schöpfungsbericht“ weicht in einigen Punkten vom ersten Bericht ab.

Zweiter Schöpfungsbericht

Genesis 2

... Das Paradies. 4B Am Tage, da Jahwe Gott Erde und Himmel machte,
5 gab es auf der Erde noch kein Gesträuch des Feldes und wuchs noch
keinerlei Kraut des Feldes. ... 7 Dann bildete Jahwe Gott den Menschen ... 8 Jahwe Gott pflanzte einen Garten in Eden, ... 9 Und Jahwe
Gott ließ aus dem Erdboden allerlei Bäume hervorwachsen, ... 19 Jahwe
Gott bildete noch aus dem Erdboden alle Tiere des Feldes und alle Vögel
des Himmels ...

Die Reihenfolge der im Ersten Schöpfungsbericht (Genesis 1,1 bis 2,2) geschilderten Schaffensperioden ist vereinbar mit der modernen Evolutionstheorie. Diese geht davon aus, dass das Leben aus dem Meer kam. In einer „Ursuppe“ haben sich „zufällig“ (von der Hand des Schöpfers?) die ersten organischen Moleküle gebildet, der Ansatz für die Entstehung der bis heute andauernden Evolutionskette. In der Folge entwickelten sich die fünf Reiche der Organismen (Bakterien, Einzeller, Pflanzen, Pilze, Tiere).

Nach evolutionsbiologischen Erkenntnissen haben sich innerhalb der Wirbeltiere zunächst die sogenannten Kieferlosen, im Meer lebende fischähnliche Wesen, entwickelt, deren heutige Vertreter noch die Neunaugen sind. Im Anschluss kam es zur Entwicklung der echten Fische und der Amphibien, die als erste „den Landgang" wagten. Erste Reptilien tauchten später auf und waren wahrscheinlich der Ausgangspunkt einer Entwicklung, die letztlich in den beiden höchstentwickelten Tiergruppen, den Vögeln und Säugetieren, gipfelte. Der Mensch tauchte erst relativ spät in der Erdgeschichte auf, zu einem Zeitpunkt, zu dem die Hauptformen des übrigen Tierreichs bereits vorgegeben waren. Insofern stimmt die biblische Schöpfungsgeschichte in ihrer Abfolge in groben Zügen mit der Evolutionstheorie überein.

Dass es ausgerechnet sieben Tage sind, die der Schöpfungsbericht umfasst, deutet auf den Einfluss alter arabischer oder mesopotanischer Überlieferungen hin. Dort galt die Zahl Sieben als magisch und als Symbol der göttlichen Ordnung. Letztere spiegelt sich auch in der klassischen Auffassung unseres Sonnensystems als aus sieben Himmelskörpern bestehend (Merkur, Venus, Mars, Jupiter, Saturn, Sonne und Mond). Die anderen Planeten waren noch nicht bekannt, da sie nur mit starken Teleskopen von der Erde aus sichtbar sind. Diese Aufteilung des Sonnensystems wird als „perfekte Siebenheit des Kosmos" bezeichnet.

Spiegelt die Zahl Sieben noch die göttliche Ordnung wieder, so ist selbst der eigentliche Schaffensakt in sechs Tagen (Genesis 2,2: Gott ... ruhte am siebten Tage) zahlensymbolisch zu verstehen. Die Zahl Sechs ist eine Perfekte Zahl. Perfekte Zahlen sind Zahlen, deren Teiler sich zu der Zahl selbst addieren lassen. Die Teiler der Zahl 6 sind 1, 2 und 3 (die Zahl 6 lässt sich durch diese drei Zahlen in ganzzahlige Teiler teilen). Die Summe der drei Zahlen ergibt: $1 + 2 + 3 = 6$.

Nach Erkenntnissen der modernen Naturwissenschaften entstand die Welt, wie wir sie heute kennen, über einen Zeitraum von mehreren Milliarden Jahren. Daher nehmen selbst kritische Analytiker die in der Bibelübersetzung angegebenen Zeiträume nicht wörtlich.

Als „Tag" bezeichnen wir gewöhnlich eine natürliche Zeiteinheit, die sich aus der Rotation der Erde um die Sonne ergibt. Die Physik definiert den Tag als die Zeit, die von einem Sonnenhöchststand bis zum nächsten vergeht. Sie ist abhängig vom Tageslicht und von unserem Standort auf der Erde. Daraus folgt, dass unser Zeitempfinden subjektiv ist. Diese Form der Zeitrechnung kann also erst gelten, wenn der Mensch bereits da (also geschaffen) ist. Folglich müssen im Alten Testament zwei Zeitrechnungen angenommen werden: eine Zeitrechnung „vor Adam" und eine Zeitrechnung „nach Adam". Nach Thomas Mann ist ein Zeitbegriff vor der Entstehung des Universums sinnlos.

Er unterscheidet drei Etappen der „Urzeugung": den Urknall (Entstehung des Seins aus dem Nichts), die Urzeugung (Entstehung des Lebens aus dem Sein) und die Geburt (Schöpfung) des Menschen.

Nur in der Schöpfungsgeschichte taucht die Formulierung „Es ward Abend und es ward Morgen: erster Tag" (Genesis 1,5) auf (analog bis zum sechsten Tag). Diese Zeitangabe unterscheidet sich von allen anderen Zeitangaben in der Bibel. Der biblische Kalender beginnt folgerichtig erst nach dem sechsten Schöpfungstag, als Himmel und Erde „vollendet" und der Mensch geschaffen war (Genesis 2,1). Vorher gab es die beiden Bezugspunkte „Mensch" und dessen Standort auf der „Erde" nicht. In Psalm 90,4 heißt es in Bezug auf den Schöpfergott:

PSALM 90
4 Denn tausend Jahre sind vor dir wie der gestrige Tag .

Nach Erkenntnissen der Astrophysik lässt sich Zeit an jedem beliebigen Punkt im Universum durch Berücksichtigung der Kosmischen Hintergrundstrahlung in unsere Zeitrechnung überführen. Die Kosmische Hintergrundstrahlung ist eine Strahlung, die bei der Schaffung des Universums, dem angenommenen Urknall, entstanden ist. Sie breitet sich gleichmäßig mit dem Universum aus und eignet sich daher gut als Zeitmesser im gesamten Universum.

Die Strahlung wird in Kelvin (K) gemessen. Zum Zeitpunkt des Beginns der Ausbreitung des Universums (nach dem Urknall) betrug sie rund 3 Billionen K (3.000.000.000.000). Heute messen wir eine Strahlung von nur noch 3 K, also von einem billionstel Teil. Das Alter des Weltalls wird vom Menschen auf rund 15 Milliarden (15.000.000.000) Jahre geschätzt. Übertragen auf die Zeitrechnung auf Basis der Kosmischen Hintergrundstrahlung sind dies 0,015 Jahre. 0,015 Jahre jedoch sind rund 6 Tage, exakt der in der Bibel beschriebene Zeitraum für die Schöpfung.

Die Arche Noah

Insbesondere in Kinderbüchern gilt als populärstes Kapitel der Bibel die Erzählung von der Sintflut und der Arche Noah (Genesis 6, 5 bis 8). Bilder von der Arche mit zahllosen Tieren, die (meist paarweise) zur Arche pilgern oder bereits dort „an Bord gegangen" sind, zieren nicht nur die Titelseiten der Kinderbibeln.

Dabei geht es nicht nur um die Rettung von Tieren, sondern um die Rettung von „allen Lebewesen" auf der Erde. Dies beinhaltet neben Tieren also auch Menschen und Pflanzen und, nach heutigem Verständnis der Biologie, auch Pilze und Einzeller.

Genesis 6
19 Von allen lebenden Wesen, von allem Fleisch, sollst du zwei von allen in die Arche aufnehmen, damit sie mit dir am Leben bleiben, ...

Folglich gehören auch Pflanzen zu den Arche-Passagieren. Die Bedeutung der Tiere wird jedoch wiederholt betont.

Genesis 7
20 Von jeder Art der Vögel, von jeder Art des Viehs und von jeder Art des Gewürms am Boden sollen je zwei von allem mit dir hineingehen, dass sie am Leben bleiben.

Genesis 7
2 Von allen reinen Tieren nimm dir je sieben, Männchen und Weibchen,
und von den unreinen Tieren zwei, Männchen und Weibchen, 3 [auch
von den Vögeln je sieben, Männchen und Weibchen,] damit Nachwuchs
auf der ganzen Erde am Leben bleibe.

Genesis 7
8 Von den reinen und unreinen Tieren, von den Vögeln und von allem, was
auf dem Boden kriecht, 9 gingen zwei und zwei, immer ein Männchen
und Weibchen, zu Noah in die Arche, wie Gott es Noah befohlen hatte.

Genesis 7
13 An diesem Tag gingen Noah und Sem ... [mit ihren Familien] in die
Arche, 14 und mit ihnen alles Wild nach seiner Art und alles Vieh nach
seiner Art und alles, was auf dem Boden kriecht, nach seiner Art, und alle
Vögel nach ihrer Art, alles, was Flügel und Schwingen hat.

Hieraus lässt sich auch die altertümliche Gliederung des Tierreichs in Vieh (im wesentlichen Säugetiere, genau genommen Nutztiere, im Gegensatz dazu das Wild), Vögel (inklusive Fledermäuse) und „alles was auf dem Boden kriecht“ (Kleinsäugetiere, Reptilien, Amphibien, Insekten und andere Wirbellose) ableiten. Diese Form der Einteilung des tierischen Lebens hatte überwiegend noch Bestand bis ins achtzehnte Jahrhundert, als der schwedische Naturforscher Carl von Linné sein bis heute gültiges System der Natur entwickelte.

Von den reinen Tieren sollen je sieben mitgenommen werden. Aus der Liste der reinen und unreinen Tiere im Buch Deuteronomium geht hervor, dass die wichtigsten „reinen Tiere“ Rinder, Schafe und Ziegen sind – allesamt Herdentiere. Voraussetzung einer erfolgreichen Haltung und Zucht von Herdentieren ist eine Basisgruppe von mehr als nur einem Paar.

DEUTERONOMIUM 14

4 Das sind die Tiere, welche ihr essen dürft: Rind, Schaf und Ziege;

Die Zahl Sieben dürfte in diesem Zusammenhang in ihrer Exaktheit keine praktische, sondern eher mystische Bedeutung haben. Die Sieben galt bereits in der Antike als magische Zahl oder als Zahl der Vollkommenheit – sie symbolisierte die göttliche Ordnung, die uns auch in den Texten der Bibel immer wieder begegnet.

GENESIS 2

1 So wurden Himmel und Erde mit ihrem ganzen Herr vollendet. 2 Gott
vollendete am siebten Tag sein Werk ...

GENESIS 41

17 Darauf sprach der Pharao zu Joseph: „In meinem Traum stand ich am
Ufer des Nils. 18 Da stiegen aus dem Nil sieben Kühe herauf, wohlgenährt
und von schönem Aussehen, und weideten im Riedgras. 19 Dann sah ich
nach ihnen sieben andere Kühe heraufsteigen, elend, ganz hässlich und
mager. Ich habe in ganz Ägypten keine gesehen, die so hässlich waren wie
diese. 20 Die mageren und hässlichen Kühe fraßen die sieben ersten,
die fetten Kühe auf. 21 Aber als sie in den Magen gekommen waren,
merkte man doch nichts, dass sie in den Magen gekommen waren, sondern ihr Aussehen blieb hässlich wie zuvor. Da erwachte ich. 22 Dann
sah ich in meinem Traum: da wuchsen sieben Ähren an einem Halm
empor, voll und schön. 23 Doch nach ihnen schossen sieben Ähren
auf, taub, dürr und vom Ostwind versengt. ...“ 25 Da sprach Joseph zu
dem Pharao: „ ... 26 Die sieben schönen Kühe bedeuten sieben Jahre,
ebenso bedeuten die sieben guten Ähren sieben Jahre. ... 27 Auch die
sieben mageren und hässlichen Kühe ... bedeuten sieben Jahre, und die
sieben dürren ... Ähren bedeuten sieben Hungerjahre. ...“

Als Begründung für die Flut erfahren wir, dass Gott damit die Menschen strafen möchte, die sich gegen seine Schöpfung versündigt hatten.

GENESIS 6

11 Die Erde aber war vor Gott verderbt; und die Erde füllte sich mit Gewalttat. 12 Gitta sah die Erde: verderbt war sie, denn alles Fleisch hatte seinen
Wandel auf Erden verderbt. ... 17 Denn ich will die Flut, das Wasser, über
die Erde kommen lassen, um alles Fleisch, in dem Lebensodem ist, unter
dem Himmel zu vertilgen. Alles was auf der Erde ist, soll umkommen.

Die Erzählung kann als Allegorie auf die anhaltende Flut von Umweltsünden der menschlichen Gesellschaft aufgefasst werden. Damit ist das Thema auch heute noch aktuell. Tatsächlich haben menschliche Gesellschaften bereits seit dem Neolithikum (ca. 12.000 Jahre vor Christus) auch im Bibelland großflächig Wälder gerodet, um Siedlungsraum zu gewinnen. Historiker sind sich einig, dass mit der Erzählung von der großen Flut die Erinnerung an eine Naturkatastrophe tradiert wird, denn sie ist auch bei anderen Völkern und in anderen Religionen zu finden. Über die Ursache kann nur spekuliert werden. Möglicherweise wurde die Überflutung weiter Landstriche durch das Abtauen der Eisberge gegen Ende der letzten großen Eiszeit ausgelöst.

Der Zusammenhang der Flut mit „Sünden" wurde erst durch das Christentum hergestellt. Der Wortursprung der Sintflut ist in dem althochdeutschen Wort *sinfluth* zu suchen, wobei der Wortbestanteil *sin* „immer, überall" bedeutet.

Obgleich im Text von „allen lebenden Wesen" die Rede ist, so müssen authentische Darstellungen der Arche Noah jedoch den Kosmos des Alten Testamentes berücksichtigen. Dieser umfasste vorwiegend den Nahen Osten nebst den angrenzenden Gebieten. Die Tiere auf der Arche sollten also vorwiegend die auch in der Bibel erwähnten Tierarten sein, die für die Bibelvölker eine Bedeutung hatten. Tiere darzustellen, die den alttestamentarischen Kulturen mit großer Wahrscheinlichkeit fremd waren (z. B. Eisbären, Elche, Pinguine, Orang-Utans) hieße eine unzulässige Interpretation des Textes vorzunehmen. Dies gilt insbesondere da in der Bibel nahezu alle seinerzeit im Bibelland bekannten Säugetier- und Vogelarten zumindest erwähnt werden.

Wiedehopfe

Der Wiedehopf *(Upupa epops)* war ein häufiger Vogel im Bibelland. Da er weder gegessen werden durfte, noch sonst irgendeinen größeren Einfluss auf das menschliche Leben hatte, wird er nur selten erwähnt.

LEVITICUS 11
13 Von den Vögeln sollt ihr folgende verabscheuen – sie dürfen nicht gegessen werden, sie seien euch ein Gräuel – : ... 16 den Strauß,
... 17 ..., den Sturzpelikan, den Uhu, 18 ..., den Pelikan, ... 19 den
Storch, ..., den Wiedehopf ...

Als unrein gilt der Wiedehopf, weil er seine Nahrung (Insekten und deren Larven) in tierischem und menschlichem Kot sucht. In Deutschland wurde der Wiedehopf im Spätmittelalter daher als „Katvogel" (= Kotvogel) bezeichnet und der Spruch „Du stinkst wie ein Wiedehopf" ist entstanden.

Seine Vorliebe von Exkrementenansammlungen als „Jagdrevier" hat dem Wiedehopf übrigens eine wechselvolle Geschichte beschert. Davon ausgehend, dass alle Tierarten ursprünglich Kulturflüchter in dem Sinne waren, dass sie eben nicht in der Nähe oder sogar mitten in menschlichen Siedlungen lebten, vollzog der Wiedehopf einen Wandel zum Kulturfolger, als im Mittelalter die ersten Städte entstanden. In diesen Städten schwammen die Exkremente im wahrsten Sinne des Wortes auf der Straße – ein Paradies für Wiedehopfe. Mit zunehmendem Ausbau sanitärer Einrichtungen insbesondere im 19. Jahrhundert, verschwanden die Jagdgründe des Wiedehopfes zunehmend und er zog sich immer weiter in heideähnliche Landschaften zurück. Aus dem Kulturfolger wurde so wieder ein Kulturflüchter. Heute gehört er zu den seltensten Vogelarten Europas.

Wiedehopf

Adler und Geier

Adler nehmen überall da, wo sie vorkommen, eine Rolle als Spitzenprädator ein, d. h. sie haben keine natürlichen Feinde und stehen an der Spitze der Nahrungspyramide. Daher gelten sie als stark und unbesiegbar. Bei vielen Völkern wurden Adler deshalb als Königssymbol verwendet. Aufgrund der ihnen zugeschriebenen Stärke und ihrer Fürsorge für ihre Kinder galten sie auch als Schutzkraft.

Der majestätische Flug des Adlers und die kräftigen Flügel haben in der Bibel starke Symbolkraft.

JESAJA 40
31 Die aber auf Jahwe hoffen, schöpfen neue Kraft, empfangen Schwingen gleich dem Adler. Sie laufen und werden nicht müde, sie gehen und werden nicht matt.

Die Art der gemeinten Adler ist nicht genau zu definieren. Die meisten Adlerarten im Bibelland sind nur Durchzügler, so der Steinadler *(Aquila chrysaetos)* oder der Kaiseradler *(Aquila heliaca)*. Der hebräische Text nutzt das Wort *nesher*. Damit ist jedoch der weit verbreitete Gänsegeier *(Gyps fulvus)* gemeint. Der Gänsegeier ist und war der häufigste Altweltgreifvogel in der Region.

Einen eindeutigen Hinweis auf den Gänsegeier liefert das Buch Micha.

MICHA 1
16 Schere dir Haare ... mache dir eine Glatze, wie die des Geiers, ...

Die Übersetzung von *nesher* als Adler ist eine Folge der ersten griechischen Transkriptionen der alttestamentarischen Texte. In Griechenland nahmen Adler eine weit höhere (und ehrenhaftere) Bedeutung ein als Geier, die gemeinhin als „schmutzig" galten (namentlich der Schmutzgeier, *Neophron percnoterus*).

Die schützenden Adlerflügel könnten folglich auch Geierflügel sein. Dies ist insbesondere im Buch Exodus wahrscheinlich. Hierin heißt es:

EXODUS 19
1 Im dritten Monat nach dem Auszug der Israeliten aus Ägypten ... 4 Ihr habt gesehen, was ich den Ägyptern angetan, wie ich euch auf Adlerflügeln getragen und euch zu mir hierhergebracht habe.

Steppenadler

In Ägypten haben die Israeliten zweifellos die Himmelsgöttin Nekhbet kennengelernt, die den König (Pharao) wie ein Geier seine Jungen mit ausgebreiteten Flügeln schützt. Nekhbet wurde als Geiergöttin dargestellt.

DEUTERONOMIUM 32
11 Einem Adler gleich, der sein Nest aufstört (und) über seinen Jungen schwebt, breitet er [Jahwe] aus seine Schwingen, nimmt es auf, auf seinen Fittichen trägt er es.

Darüber hinaus galt Nekhbet als Symbol der Wiedergeburt. Als solcher ist der Geier auch in den Psalmen wiederzufinden:

PSALM 103
5 ... wie dem Geier wird deine Jugend dir neu.

Sprichwörtlich ist auch die Ernährungsweise der Geier: Sie ernähren sich vorwiegend von Aas. Zwar kann man auch Adler an Kadavern antreffen, am häufigsten jedoch sind es die Geier.

MATTHÄUS 24
28 Wo das Aas ist, da sammeln sich die Geier.

Eulen

Eulen haben in fast allen alten Kulturen eine mythologische Bedeutung. Im antiken Ägypten, in Indien, China, Japan und sogar in Nord- und Mittelamerika galten Eulen als Totenvögel, in China werden sie als Symboltier des Donners angesehen.

Im antiken Griechenland dagegen ist die Eule das Symboltier der Athene, Göttin der Weisheit, die in ihrer früheren Inkarnation auch die Göttin der Dunkelheit war. Die gute Nachtsicht soll der Eule Weitsicht und damit Weisheit verleihen. Eine andere Erklärung lautet, dass Eulen ebenso wie Gelehrte und Wissenschaftler nachts wachbleiben und am Morgen klüger sind als am Abend zuvor.

Bei den südamerikanischen Indianern wurden Eulenfedern als Talisman getragen.

Umso erstaunlicher ist die eher geringe Bedeutung von Eulen in der Bibel. Da die meisten Eulen sich von „unreinem" Kleingetier oder gar von Aas ernähren, werden sie in der Liste der nicht essbaren Tiere geführt.

DEUTERONOMIUM 14

11 Alle reinen Vögel dürft ihr essen. 12 Das aber sind die, von denen ihr nicht genießen dürft: ... 16 Käuzchen, Uhu, Eule; ... Es hat euch als unrein zu gelten; ihr dürft nicht davon essen.

LEVITICUS 11

13 Von den Vögeln sollt ihr folgende verabscheuen – sie dürfen nicht gegessen werden, sie seien euch ein Gräuel – : ... 17 das Käuzchen, ..., den Uhu, 18 die Eule ...

Die Formulierung einer Dreigliederung der Eulenarten (kleine Eulen – mittelgroße Eulen – große Eulen) wird gerne als Symbol der Dreifaltigkeit gesehen.

Mit „Eule" ist hier die Katzeneule gemeint, ein Begriff, der unter anderem auf die Schleiereule *(Tyto alba)* angewandt wird. Das Wort „Katzeneule" hat allerdings nichts mit Katzen zu tun. Es leitet sich aus dem Wort „Kauzeule" ab und bezieht sich auf den Schrei, der ähnlich klingt wie der eines Kauzes. In alten Fassungen des Buches Deuteronomium heißt es an dieser Stelle sogar „Nachteule", ein Name, der wechselweise auf alle nachtaktiven Eulenarten angewandt wurde.

Der Uhu *(Bubo bubo)* ist auch im betreffenden Gebiet die größte und auffälligste Eulenart und wird daher explizit benannt.

Mit dem Käuzchen ist der Steinkauz *(Athene noctua)* gemeint. Die ebenfalls in Frage kommende Zwergohreule *(Otus scops)* dürfte seit dem Ende des letzten vorchristlichen Jahrtausends im betreffenden Gebiet ausgestorben sein. Die Ursache hierfür, wie auch für das Verschwinden vieler anderer Arten, wird im Alten Testament selbst benannt:

HABAKUK 2

17 Denn die Gewalttat am Libanon wird dich erdrücken und die Vernichtung der in Schrecken versetzten Tiere; denn Menschenblut hast Du vergossen, das Land verwüstet, die Stadt und all ihre Bewohner.

Dies bezieht sich auf die großräumige Zerstörung der Wälder des Nahen Ostens in den letzten Jahrhunderten vor Christus. Ursache war das Holz der in Schiff- und Häuserbau begehrten Libanonzeder. Wie das Zitat zeigt, ist das Problem Lebensraumzerstörung kein Phänomen der Neuzeit.

Im Psalm wird erneut eine Eule erwähnt. In der hebräischen Originalfassung ist von „kos" die Rede, ein Name, der sowohl für den Steinkauz als auch für den Waldkauz *(Strix aluco)* gebraucht wird. Letzterer ist jedoch (namentlich) nur sehr selten im betreffenden Gebiet zu finden. Auch in biblischer Zeit war der Steinkauz wesentlich häufiger anzutreffen, da er im Gegensatz zum Waldkauz auch menschliche Siedlungen als Aufenthaltsort wählt und sich *„im Gemäuer"* (!) verlassener Siedlungen aufhält. Daher wird das Wort „kos" in Bibelübersetzungen in der Regel mit dem Steinkauz gleichgesetzt (z. B. „steenuil" in der niederländischen Fassung). Vermutlich hat das hebräische *kos* sogar den gleichen Wortursprung wie das deutsche Kauz.

Steinkauz

PSALM 102
7 Ich ... bin geworden wie im Gemäuer die Eule [niederl. steenuil]. 8 Ich
finde keinen Schlaf, und ich klage/wie auf dem Dach der verlassene Vogel.

Mit verlassenen Gegenden und Ruinen werden Eulen auch an anderen Stellen in der Bibel in Zusammenhang gebracht, so bei Jesaja in den Ruinen der zerstörten Städte Babel und Edom:

JESAJA 34 [ZERSTÖRUNG VON EDOM]
11 Pelikan und Igel wohnen dort, darinnen hausen Eule und
Rabe. ... 14 ... dort rastet Lilit und findet einen stillen Ort für sich.

JESAJA 13 [ZERSTÖRUNG VON BABEL]
19 Und Babel ... wird es ergehen wie Sodom und Gomorra, die Gott bis
auf den Grund zerstörte. 20 Auf ewige Zeiten bleibt es unbewohnt,
unbesiedelt ... 21 Nur Wüstentiere hausen dort, und Eulen füllen die
Häuser. ...

Uhu

Schleiereulen

Interessant ist die Erwähnung von Lilit (Lilith), der mesopotamischen Todesgöttin, die auf Reliefs häufig mit Eulen als Begleittieren dargestellt wird. Somit findet sich auch der Bezug auf die Eule als Totenvogel im Alten Testament wieder.

Tauben

Einigen Autoren zufolge ist die Taube der wichtigste in der Bibel erwähnte Vogel. Tatsächlich tauchen Tauben sowohl im Alten als auch im Neuen Testament als wichtige Schlüsselsymbole auf und genießen einen besonderen, durchweg positiven Status.

Eigenschaften, die mit der Taube verbunden werden, lassen sich mit friedlich, harmlos, rein und arglos beschreiben.

HOHES LIED 1
15 Ja, du bist schön, meine Freundin, / ja, du bist schön! / Deine Augen sind Tauben (gleich)!

HOHES LIED 5
2 ... meine Freundin, / meine Taube, meine Makellose! ...

MATTHÄUS 10
16 ... Seid ... ohne Falsch wie die Tauben.

HOSEA 7
11 Ephraim ist einer Taube gleich geworden, einfältig unverständig; ...

Tauben werden außerdem als Fruchtbarkeits- und Lebenssymbol verehrt. Ein aus der Antike des Vorderen Orients stammendes Lebenssymbol ist auch heute noch als Dekoration in Gärten und Parkanlagen zu finden: Taubenskulpturen am Rand von Wasserbecken.

An einigen Stellen wird in der Bibel nicht zwischen den einzelnen Taubenarten unterschieden. Im Wesentlichen sind es drei Arten, die in den Texten eine Rolle spielen: die Felsentaube *(Columba livia)*, Stammform der Haustauben, die Turteltaube *(Streptopelia turtur)* und die Türkentaube *(Streptopelia decaocto)*.

Die häufigsten Stellen beziehen sich zweifellos auf die Turteltaube. Diese, unsere kleinste einheimische Taubenart, ist im Nahen Osten ein Sommergast. Als Zugvogel trifft sie erst im Frühjahr in Israel und Umgebung ein und wird daher gerne als Sonnenvogel angesehen.

JEREMIA 8
7 Selbst ... Turteltaube und Schwalbe und Kranich halten die Zeit ihrer Wiederkunft ein.

Das Hohe Lied preist sie sogar als Frühlingsboten.

Hohes Lied 2: Die Braut

11 Denn sieh, der Winter ist vorüber; ... 12 Die Blumen erscheinen im Lande; ... der Ruf der Turteltaube erschallt in unserem Lande ...

Gleichwohl haben Turteltauben eine bedeutende Rolle als Opfertiere gespielt. So ist die Turteltaube das klassische Reinigungsopfer der Wöchnerinnen (Frauen galten unmittelbar nach der Geburt eines Kindes ein bis zwei Wochen als unrein). Im Lukasevangelium wird beschrieben, dass auch Maria nach der Geburt Jesu dieses im Alten Testament vorgeschriebene Opfer darbrachte.

Lukas 2

22 Und als die Tage ihrer Reinigung nach dem Gesetz des Mose vollendet
waren, brachten sie ihn hinauf nach Jerusalem, ... 23 wie im Gesetze
des Herrn geschrieben steht ... 24 und um ein Opfer zu bringen, nach
der Vorschrift im Gesetze des Herrn: ein Paar Turteltauben oder zwei
junge Tauben.

Im Johannesevangelium erfahren wir, dass vor den Tempeln Händler Turteltauben anboten, die man im Tempel opfern konnte.

Johannes 2: [Die Tempelreinigung]

14 Im Tempel fand er die Verkäufer von ... Tauben ... 16 und sagte zu
den Taubenverkäufern: „Nehmt dies von hier weg ...“

Turteltauben waren klein, handlich und selbst für weniger betuchte Menschen als Opfertier erschwinglich. Bereits in der Antike hatte man (zuweilen kunstvolle) Taubentürme errichtet, aus denen man die Jungvögel absammeln konnte, um sie auf dem Markt anzubieten.

Genesis 15

9 Da befahl er [Jahwe] ihm: „Bringe mir eine dreijährige Kuh, eine dreijährige Ziege und einen dreijährigen Widder, eine Turteltaube und eine junge Taube!“

Leviticus 12

8 Reicht aber ihr Vermögen nicht für ein Schaf, dann soll sie zwei Turteltauben oder zwei junge Tauben nehmen, die eine zum Brandopfer, die andere zum Sündopfer, und der Priester entsündigt sie, und sie wird rein.“

Zumindest einmal ist eindeutig von der Felsentaube die Rede:

HOHES LIED 2
14 Meine Taube im Höhlennest des Gesteins, ...

Felsentauben wurden bereits vor rund 10.000 Jahren domestiziert. Sie sind die Stammform aller unserer Zuchttauben und der allgegenwärtigen Stadttauben. Im Buch Jesaja erfahren wir, dass Tauben bereits in alttestamentarischer Zeit in Schlägen (sogenannte Columbarien) gehalten und gezüchtet wurden.

JESAJA 60
8 Wer sind sie; die wie Wolken fliegen, wie Tauben nach ihren Schlägen.

Noah ließ gegen Ende der Sintflut eine Taube fliegen, wohlwissend, dass Tauben in aller Regel zu ihrem Schlag zurückkehren. So bringt die Taube bei ihrem zweiten Ausflug einen Ölzweig mit. Sie wurde somit zu einem Symbol des Friedens, den Gott mit den Menschen schloss. Dieses Friedenssymbol hat sich bis heute erhalten und ist dank der populären Darstellungen des Künstlers Pablo Picasso ein auch heute noch weit verbreitetes und international anerkanntes Symbol.

GENESIS 8
8 Dann ließ er [Noah] eine Taube fliegen, um zu sehen, ob das Wasser sich von der Oberfläche der Erde verlaufen hatte. ...
11 Die Taube kam am Abend zu ihm zurück, und siehe, sie trug ein frisches Blatt ... in ihrem Schnabel. Da erkannte Noah, dass sich das Wasser von der Erde verlaufen hatte.

In Vorwegnahme ihrer neutestamentarischen Rolle war die Taube sozusagen der „gute Geist", der den Menschen die positive Nachricht überbrachte. In Kirchen wird der Heilige Geist gemäß dieser „Rolle" häufig als Taube dargestellt.

MATTHÄUS 3
16 ... und er sah den Geist Gottes herabschweben wie eine Taube ...

In den Psalmen werden Balz und Flug der Türkentauben beschrieben. Die Balz der Türkentauben, die ebenfalls zu den Turteltauben zählen, gilt als Symbol inniger Liebe und Zuneigung. Das „Schnäbeln" der Tiere wird als inniges Küssen gedeutet.

Turteltaube

Psalm 55
7 … Hätte ich doch die Flügel der Taube, ich flöge auf und käme zur Ruh.

Psalm 68
14 … da wurden mit Silber bedeckt die Flügel der Taube; grünliches Gold erglänzte auf ihren Schwingen, 15B Geschmeide wie Schnee auf dem Zalmon.

Das hebräische Wort für Taube lautet *„jonah“*. Es mag ungewöhnlich erscheinen, dass man seinerzeit offenbar Kinder mit Tiernamen belegt hat. Namentlich im Buch Jona im Alten Testament heißt sogar der Protagonist so. Der ebenfalls alttestamentarische Hiob benannte auch eine seiner Töchter „Täubchen“.

Hiob 42
13 Er hatte auch sieben Söhne und drei Töchter. 14 Die erste nannte er ‚Täubchen‘ …

Die alttestamentarischen Völker lebten, ähnlich wie die meisten Völker der Antike und Vorantike, im Einklang mit der Natur. Tiere wurden als „Mitgeschöpfe“ wahrgenommen, nicht als minderwertige Wesen. Durch die Benennung der Kinder mit tierischen Bezeichnungen erhoffte man sich die Übertragung der diesen Tieren zugewiesenen Eigenschaften auf die Kinder. Die Benennung von Menschen mit Tiernamen war seinerzeit folglich eher Ausdruck eines großen Respektes vor den Tieren. Diese Einstellung änderte sich erst mit dem aufkommenden Humanismus im ausgehenden Mittelalter, mit dem der Herrschaftsanspruch der Menschen über die Tiere und Pflanzen ausformuliert wurde.

Pfauen

Der Pfau *(Pavo cristatus)* stammt ursprünglich aus Indien, wurde aber bereits in der Frühzeit aufgrund seiner Farbenpracht gerne als Ziervogel gehalten. Dennoch war er bereits in alttestamentarischer Zeit bekannt. Ähnlich wie Affen galten Pfauen als Luxusgut und wie diese tauchen Pfauen auch in der Aufzählung wertvoller Waren auf.

1 KÖNIGE 10
22 Alle drei Jahre einmal kamen die Tarschisch-Schiffe zurück und brachten Gold, Silber, Elfenbein, Affen und Pfauen.

Im Christentum galten Pfauen aufgrund ihrer Farbenpracht und ungewöhnlichen Gefiederausstattung als Sinnbild des Paradieses und sind in der Brotvermehrungskirche von Tabgha (Israel) vor dem Paradiesgarten abgebildet. Ansonsten galten sie wie viele andere Vögel auch als Auferstehungssymbol, begründet durch die regelmäßige Erneuerung ihres Erscheinungsbildes beim Federwechsel (Mauser).

Erst die Römer wussten Pfauen als Delikatesse zu schätzen. Besonders Pfauenzungen waren beliebt. Aber auch ein kompletter Pfauenbraten wurde nicht verschmäht.

2 CHRONIK 9
21 Denn der König [Salomo] besaß Schiffe, die mit den Knechten Hurams nach Tarschisch fuhren. Einmal in drei Jahren kamen die Tarschisch-Schiffe mit Gold, Silber, Elfenbein, Affen und Pfauen beladen zurück.

Es lässt sich nicht ganz nachvollziehen, wieso die aus Indien stammenden Pfauen aus dem spanischen Tarschisch herantransportiert wurden. Huram residierte als König in der phönizischen Stadt Tyros im heutigen Libanon. Von dort bestanden Handelsbeziehungen sowohl nach Osten als auch nach Westen. Eine Vermischung der Waren, die per Schiff nach Tyros kamen ist daher nicht auszuschließen und könnte die Auflistung in der Chronik erklären.

Pfau

Störche

Störche sind kein typisches Element der Fauna des Bibellandes. Die beiden vorkommenden Storchenarten sind identisch mit den beiden auch in Mitteleuropa einheimischen Arten Weißstorch *(Ciconia ciconia)* und Schwarzstorch *(Ciconia nigra)*. Bereits alten naturbeobachtenden Völkern war das Wanderverhalten der Störche (und vieler anderer Vogelarten) bekannt. Damals wie heute erstaunt die Präzision der zeitlichen Abstimmung, wenn die Vogelzüge gen Süden zum Ende des mitteleuropäischen Sommers beziehungsweise gen Norden zum Ende des mitteleuropäischen Winters beginnen. Insbesondere die osteuropäischen Populationen beider Arten nehmen auf ihren Zügen die Route über den Nahen Osten.

JEREMIA 7
4 ... Kehrt nicht jeder wieder um, der einen verkehrten Weg eingeschla-
gen hat? ... 7 Selbst der Storch am Himmel droben kennt seine Zeiten,
und Turteltaube und Schwalbe und Kranich halten die Zeit ihrer Wiederkunft ein. Aber mein Volk kennt nicht das Recht Jahwes.

Jeremia deutet das Zugverhalten als „Korrektur“. Jedoch ist das Zugverhalten der Vögel eine Anpassung an die klimatischen Gegebenheiten. Auch wir sprechen im Volksmund von „Zurückkehren“, wenn die Vogelzüge aus dem Süden über unsere Köpfe hinweggehen. Dies ist bedingt durch die gemeinhin akzeptierte Annahme, dass die eigentliche „Heimat“ einer Tierart der Ort ist, an dem sie sich fortpflanzt.

Auch in der Bibel ist das Brutverhalten der Störche beschrieben. Hieraus ist zu schließen, dass einige Populationen auch dort beheimatet sind.

PSALM 104
17 ... in ihrem Wipfel [der Zedern des Libanon] horsten die Störche.

Die in diesem Vers zitierte Storchenart dürfte der Schwarzstorch sein. Dieser bevorzugt zum Nestbau tatsächlich Kieferngewächse, zu denen im betreffenden Gebiet vor allem die Zeder gehört.

Der Storch gilt als unrein und darf nicht gegessen werden. Diese Abweichung des ansonsten positiven Bildes, das Störche genießen, hängt mit ihrer Ernährungsweise zusammen. Sie ernähren sich in erster Linie von unreinem Getier (Frösche, Mäuse).

Deuteronomium 14
11 Alle reinen Vögel dürft ihr essen. 12 Das aber sind die, von denen
ihr nicht genießen dürft: Aasgeier, Lämmergeier, Bartgeier; 13 Weihe,
Falke jeder Art; 14 alle Rabenarten; 15 Strauß, Schwalbe, Möwe,
Habicht jeglicher Art; 16 Käuzchen, Uhu, Eule; 17 Pelikan, Aasgeier,
Sturzpelikan; 18 Storch, Regenpfeifer jeder Art, Wiedehopf, Fledermaus 19 und alle geflügelten Insekten. Es hat euch als unrein zu gelten;
ihr dürft nicht davon essen.

Bemerkenswert ist in dieser Aufzählung das Auftauchen der Fledermaus, die seinerzeit noch als „Vogel“ gesehen wurde. Noch in Gesners Vogelbuch von 1669 wird die Fledermaus als Vogelart geführt.

Weißstorch, auch Klapperstorch genannt

Pelikane

Pelikane (vermutlich Rosapelikane, *Pelecanus onocrotalus*) werden in der Bibel häufig in Zusammenhang mit „Wüsten" oder „Einöden" erwähnt. Das bedeutet jedoch nicht, dass man sie für Wüstenbewohner hält. Im Gegenteil:

PSALM 102 [GEBET IM UNGLÜCK]
7 Ich gleiche dem Pelikan in der Wüste, ...

Es war durchaus bekannt, dass Pelikane eine starke Bindung zu Gewässern haben. So erklärt sich das „Unglücksbild" im Psalm.
Da Pelikane menschliche Siedlungen meiden und sich zur Ruhe fernab von Menschenansammlungen niederlassen, sind sie ein beliebtes Bild für Einöden.

JESAJA 34
11 Pelikan und Igel wohnen dort [in einem einsamen, wüsten Land]

ZEPHANJA 2
13 [Er wird] ... Ninive zur Einöde machen, ... 14 Es werden ... Pelikan
und Rohrdommel nächtigen auf seinen Bildwerken ...

Obgleich Pelikane vorwiegend Fische verzehren, gelten sie als unrein.

LEVITICUS 11
13 Von den Vögeln sollt ihr folgende verabscheuen – sie dürfen nicht
gegessen werden, sie seien euch ein Gräuel – : ... 17 [unter anderem] ...,
den Sturzpelikan, ... 18 ..., den Pelikan, ...

DEUTERONOMIUM 14
12 Das aber sind die [Vögel], von denen ihr nicht genießen dürft:
... 17 Pelikan, Aasgeier, Sturzpelikan;

Die Auflistung in der Liste der unreinen Tiere wird abgeleitet von der Art und Weise, wie Pelikane ihre Jungtiere füttern. Sie würgen bereits vorverdaute Nahrung wieder hervor, die mit dem hebräischen Wort *kaat* bezeichnet wird. Das Wort klingt jedoch nicht nur zufällig wie das deutsche Wort Kot und bedeutet eine „unreine Masse".

Mit dem Begriff „Sturzpelikan" ist übrigens der Kormoran *(Phalacrocorax carbo)* gemeint, der aufgrund seiner vergleichbaren Ernährungs- und Lebensweise ebenfalls zu den Pelikanen gezählt wurde. Tatsächlich werden Kormorane wissenschaftlich auch heute noch zur Ordnung der Pelikanartigen *(Pelecaniformes)* gestellt.

Kormoran

Strauße

Felszeichnungen, die man auf dem Sinai gefunden hat, weisen auf das einstmalige Vorkommen des Straußes hin. Seit 1965 gilt der Arabische Strauß *(Struthio camelus syriacus)* als ausgestorben. Zwar wurde 1966 in Jordanien noch ein totes Tier gefunden, doch war dies das erste Exemplar seit 1941 und es besteht wenig Hoffnung, dass die Art noch im Bibelland vorkommt. Versuche, den Strauß wieder anzusiedeln, sind bisher nicht gelungen und sollten angesichts der Tatsache, dass die ursprüngliche Unterart ausgestorben ist, mit Skepsis betrachtet werden.

Die Strauße bewohnten halbwüstenähnliche Habitate und Trockensteppen.

JESAJA 13
20 Auf ewige Zeiten bleibt [Babel] unbewohnt ... 21 Nur Wüstentiere
hausen dort, ..., Strauße wohnen dort, ...

Das Leben in öden Wüstenregionen und die Assoziation mit Trauer und Jammern repräsentierten für die frühen Israeliten einen unheilvollen Zustand.

MICHA 1
8 Darum will ich jammern und wehklagen ...; ich will ... jammern wie die Strauße

HIOB 30 [DAS JETZIGE ELEND]
28 Ich ... steh' auf in der Gemeinde, schreie auf. 29 ... ein Genosse bin
ich für die Strauße.

Daher sollte der Strauß ihnen fernbleiben und gilt als unrein. Vielleicht ist das Verbot, Straußenfleisch zu verzehren auch lediglich eine Vorschrift zur Abgrenzung von Muslimen, bei denen Straußenfleisch gerne verzehrt wurde und als halal gilt.

LEVITICUS 11
13 Von den Vögeln sollt ihr folgende verabscheuen – sie dürfen nicht
gegessen werden, sie seien euch ein Gräuel – : ... 16 [unter anderem]
den Strauß, ...

Strauß

Deuteronomium 14
11 Alle reinen Vögel dürft ihr essen. 12 Das aber sind die, von denen
ihr nicht genießen dürft: Aasgeier, Lämmergeier, Bartgeier; 13 Weihe,
Falke jeder Art; 14 alle Rabenarten; 15 Strauß ...

Eine weitere Theorie, warum der Strauß als unrein gilt, bezieht sich auf den Zusammenhang zu seinem wissenschaftlichen Namen. Wegen seiner „kamelähnlichen" Beine lautet das Artepitheton des Straußes *„camelus"*. Da das Kamel ebenfalls als unrein gilt, könnte das Verbot schlichtweg übertragen worden sein. Conrad Gesner hat den Strauß in seinem Vogelbuch 1669 noch als „Halb-Vogel/Halb-Vierfüßler" bezeichnet. In alten Schriften wird der Strauß als „Kamelvogel" bezeichnet. Um seine besondere Stellung zu kennzeichnen, hat sich in einigen Sprachen eingebürgert, den Strauß betont als „Vogel Strauß" zu bezeichnen. Im deutschen Sprachgebrauch ist der Begriff noch als „Vogel-Strauß-Politik" zu finden.

Das Leben in kargen Wüsten und Halbwüsten führt zu Zähigkeit und Robustheit, Eigenschaften, die dem Strauß zugesprochen werden.

Klagelieder 4
3 Die Töchter meines Volkes jedoch sind hart geworden wie die Strauße
in der Wüste.

Erstaunliche Beobachtungen zur Brutbiologie der Strauße sind ebenfalls in der Bibel festgehalten.

Hiob 39
13 Kann sich des Straußenweibchens Flügel messen mit dem Gefieder
eines Storchen oder Falken? 14 Es überlässt der Erde seine Eier und brü-
tet sie im Staube aus. 15 Und es vergisst, dass sie ein Fuß zertreten, ein
wildes Tier sie kann zerdrücken. ... 18 Zur Zeit, da es zum Laufe sich
erhebt, kann es wohl über Ross und Reiter lachen.

Gleich drei wichtige Fakten zur Biologie der Strauße sind in dieser Passage enthalten: Strauße können nicht fliegen, Strauße legen Bodennester an und ihr Laufvermögen ist tatsächlich vergleichbar dem eines Pferdes. In arabischen Ländern gibt es sogar „Straußenreiten" als „Sport". Strauße können eine Laufgeschwindigkeit von bis zu 70 Stundenkilometern erreichen.

Leider wurde dem Strauß auch diese Bibelstelle zum Verhängnis. Ein weiteres negatives Merkmal, dass ihm zugesprochen wird, ist das Vernachlässigen seines Nachwuchses und damit ein Abwenden von der „Heiligkeit" der Familie.

Straußenfamilie in Afrika

Krokodile

Krokodile dürften den alttestamentarischen Völkern durchaus bekannt gewesen sein. Bis in historische Zeit waren sie sowohl in Ägypten, als auch in den Flüssen Israels häufig. Der Zerka-Fluss im Norden Israels trägt heute noch den Namen Nahal Taninim (Krokodilfluss). Die hier vorkommende Art (bis ins 19. Jahrhundert hinein) war das Nilkrokodil *(Crocodilus niloticus)*. In Ägypten kamen bis in die 1920er-Jahre noch zwei paraphyletische Krokodilarten vor, die beide als „Nilkrokodil" bezeichnet wurden: *Crocodilus niloticus* und *C. suchus*. Erst im 21. Jahrhundert wurde deutlich, dass es sich um zwei Arten handelt. Die Bestände des Letzteren sind heute auf Westafrika beschränkt. Deswegen trägt *Crocodilus suchus* den Namen „Westafrikanisches Krokodil".

Begegnungen mit Krokodilen dürften alltäglich gewesen sein – zumindest in der Nähe von Flüssen. In Ägypten galten Krokodile als heilig. Die Stadt al-Fayyum in der Fayyum-Oase, nur wenige Kilometer südlich von Kairo, wurde von den Griechen sogar „Crocodilopolis" genannt. Dort befand sich eine Art Zentrale der Krokodilverehrung mit rituellen Fütterungen. Archäologische Ausgrabungen förderten sogar Hinweise auf eine organisierte Haltung und Zucht von Krokodilen im Medinet Madi Tempel zutage. Es hieß sogar, die große Zahl der Krokodile im Nil und seinen Nebenflüssen habe Invasionen fremder Herrscher aus Arabien oder dem Sudan verhindert. Für William Shakespeare galt das Krokodil neben den Pyramiden und dem Nil als wichtiges Symbol für Ägypten.

Nilkrokodil

Als eines der größten Tiere im Gebiet und sicherlich einer der größten Beutegreifer hatte das Krokodil einen respekteinflößenden Ruf. Für die ersten Christen war das Krokodil daher die Verkörperung des Bösen – eine Reputation, die das moderne Denken über Krokodile nachhaltig beeinflusst hat. Zuweilen galt das Krokodil auch als Sinnbild des Teufels.

Über die Identität des Krokodils in der Bibel herrscht keine einhellige Meinung. Am häufigsten gilt als Synonym für Krokodile der Leviathan. Nach dem Talmud ist dies auch die Bedeutung des hebräischen Wortes *livyathan.* Meist wird der Begriff des Leviathans jedoch weiter gefasst, wahlweise als Sammelbegriff für wasserlebende Ungeheuer, als (mythologische) Seeschlange oder als Wal. Das „Schlangenhafte" des Leviathans wird häufig betont und könnte mit den sich heftig windenden Bewegungen erklärt werden, die Krokodile beim Beutemachen ausführen. Im aufgewühlten schlammigen Wasser sind die verhältnismäßig kurzen Beine dann kaum zu sehen, wohl aber der zumeist sehr lange kräftige Schwanz.

Jesaja 27
1 An jenem Tage sucht Jahwe heim ... den Leviatan, die flüchtige Schlange,
den Leviatan, die gewundene Schlange ...

Es liegt nahe, in dieser Passage den Leviathan (das Krokodil) als Ursprung für die Identifizierung des Krokodils als Sinnbild des Teufels zu sehen.

Eine eindeutige Beschreibung des Leviathans als Krokodil gibt das Buch Hiob.

Hiob 40 Leviatan
25 Fängst du Leviatan am Angelhaken, / drückst seine Zunge mit
dem Fangseil nieder? 26 ... Durchbohrst Du seine Backe mit dem
Haken? ... 31 Kannst du mit Haken seine Haut voll spicken / und mit
der Fischharpune seinen Kopf? ...
41 1 ... Durch seinen Anblick kommt man schon zu Fall. 2 Wenn man
ihn aufweckt, wird er wütend. ... 4 Von seinen Gliedern will ich nichts
verschweigen / und von der Kraft und Anmut seines Baues. 5 Wer wagt
sein Oberkleid wohl aufzudecken? / Wer dringt in seinen Doppelpanzer
ein? 6 Wer öffnet wohl die Tore seines Rachens? / Es lagert Schrecken
rings um seine Zähne. 7 Sein Rücken trägt von Schilden Rinnen, / ver-
schlossen ist er mit des Kiesels Siegel. 8 Es fügt sich eines an das andere
an; / es dringt kein Lüftchen zwischen ihnen durch. 9 Denn eines haftet
an dem anderen fest; / sie hängen aneinander, sind untrennbar. 10 Sein
Niesen lässt das Licht aufleuchten; / die Augen sind ihm wie des Frührots
Wimpern. ... 12 Aus seinen Nüstern steigt der Rauch auf / wie aus dem

Nilkrokodil

Topf, der kocht und siedet. 13 Glühkohlen facht seinen Atem an, / und
eine Flamme schlägt aus seinem Rachen. 14 Auf seinem Nacken ruht
die Stärke, / und vor ihm her springt auf der Schrecken. 15 Die Wam-
pen seines Fleisches haften fest, / sie sind ihm angegossen, unbeweg-
lich. 16 Sein Herz ist hartgegossen, wie ein Stein; / hart ist er wie der
untre Mühlenstein. 17 Erhebt er sich, erschrecken selbst die Fluten; / des
Meeres Wellen ziehen sich zurück. 18 Wenn ihm jemand begegnet, nützt
kein Schwert / und keine Lanze, Wurfgeschoss noch Pfeil. ... 20 Ein Pfeil
vermag ihn nicht zur Flucht zu zwingen, / und es verwandeln Schleu-
dersteine sich an ihm in Spreu. ... 22 ... im Schlamme zeichnet er ein
Dreschbrett auf. 23 Die Tiefe lässt er wie den Kessel sieden / und macht
das Meer zu einem Salbentopf. ... 25 Es gibt nicht seinesgleichen auf
der Erde, / dazu geschaffen, ohne Furcht zu sein. 26 Verächtlich schaut
er alles Hohe an, / und König ist er aller stolzen Tiere.

Eine derart exakte Beschreibung könnte fast aus einem Tierlexikon stammen. Einige Teile verdienen noch besondere Erläuterung. Bemerkenswert ist, dass das Krokodil am Ende als „König aller stolzen Tiere“ bezeichnet wird. Es ist damit das einzige Tier, dem der Königstitel in der Bibel zweifelsfrei zugewiesen wird.

Im Text wird mehrfach beschrieben, dass klassische Instrumente des Fischfangs beim Krokodil versagen. Der populäre „Zoo-Rabbi“ Natan Slifkin wies darauf hin, dass Krokodile in der historischen Systematik (und in der Torah) als „Fische“ betrachtet wurden. Der Begriff Fisch wurde (und wird heute noch) als Sammelbegriff für wasserlebende Tiere gebraucht. Der Bezug zum Meer *(„macht das Meer zu einem Salbentopf“)* weist auf Nilkrokodile hin, die durchaus auch in küstennahen Meeresgewässern anzutreffen sind.

Die in der frühchristlichen und mittelalterlichen Literatur häufig betonten glühenden Augen des Krokodils *(„die Augen sind ihm wie des Frührots Wimpern“)* lassen sich mit der stark reflektierenden Nickhaut der Krokodile erklären, die das Auge vor dem schwappenden Wasser wie eine Taucherbrille schützt.

Eine besondere historische Bedeutung kommt dem Leviatan in Psalm 74 zu:

PSALM 74
14 Du hast dem Leviatan zerschmettert das Haupt, / ihn zum Fraß gegeben den Ungeheuern des Meeres.

Der Leviathan ist hier ein Symbol des ägyptischen Pharaos und das „Zerschmettern des Hauptes“ die Befreiung des Volkes Israel von der Herrschaft der Ägypter. Tatsächlich war Sebek (der Krokodilgott; griechisch: *suchus*) der Schutzpatron des Pharaos. Der Legende nach konnte sich Pharao Menes (ca. 3000 v. Chr.) auf dem Rücken eines Krokodils vor herannahenden Feinden retten. Aus Dankbarkeit soll Menes den Grundstein für das spätere Crocodilopolis gelegt haben. Im sogenannten Väterbuch, einer Sammlung frühchristlicher Bibelinterpretationen aus dem 13. Jahrhundert, wird die Legende analog mit einem Priester der Wüstenväter erzählt.

Die gleiche Symbolsynonymie findet sich auch bei Ezechiel.

EZECHIEL 29
3 ... Siehe, ich komme über dich, Pharao, König von Ägypten, du großes Krokodil, das inmitten seiner Nile lagert, ...

EZECHIEL 32
2 ... stimme ein Klagelied an über den Pharao, den König von Ägypten, und sage zu ihm: ... Du warst wie ein Krokodil im Meere und sprudeltest mit den Nüstern, trübtest das Wasser mit deinen Füßen und rührtest auf seine Fluten.

Sowohl bei Jesaja als auch bei Ezechiel spricht die hebräische Bibel nicht vom *livyathan* (interpretiert als „Krokodil“) sondern vom *tannin* (bedeutet: Krokodil).

Schlangen

Nur wenige Tierarten sind auf Anhieb auch von Laien unmittelbar zuzuordnen. Schlangen gehören dazu. Zwar gibt es Verwechslungsmöglichkeiten mit anderen Tiergruppen, z. B. beinlosen Eidechsen wie der einheimischen Blindschleiche *(Anguis fragilis)*, doch weiß jeder Mensch, was eine Schlange auszeichnet: ihre Beinlosigkeit. Da Schlangen insbesondere im Mittelmeerraum und im Nahen Osten häufig anzutreffen sind, spielten sie in den alttestamentarischen Gesellschaften eine große Rolle. Wie überall auf der Welt werden Schlangen mystische, geheimnisvolle und unheimliche Attribute zugesprochen. Im frühen Christentum galten sie als Diener oder Sinnbild des Teufels.

Bis auf den heutigen Tag ist es bei der Landbevölkerung des Orients üblich, Schlangen sofort zu töten. Sie werden meist mit einem heftigen Schlag oder Tritt auf den Kopf getötet.

Da es in erster Linie Frauen waren, die Feldarbeit verrichteten, begegneten in erster Linie sie den Schlangen auf offenem Feld und waren der Gefahr eines Giftschlangenbisses ausgesetzt. Dieser gesellschaftshistorische Kontext ist im Buch Genesis festgehalten:

GENESIS 3

15 Feindschaft will ich setzen zwischen dir und dem Weibe, zwischen deinem Spross und ihrem Spross. Er wird dir den Kopf zermalmen und du wirst ihn an der Ferse treffen.

Boa

In der sakralen Kunst wird dieses Motiv später gerne aufgegriffen, in dem Jesus Christus als Erlöser gezeigt wird, wie er der Schlange als Symbol des Teufels den Kopf zertritt. Die Schlange als Symbol des Teufels muss vernichtet werden, so der Glaube. Es handelt sich folglich um den seltenen Fall einer religiös begründeten Tierestötung ohne kultische Bedeutung.

Als Symbol des Teufels begegnet uns die Schlange auch im Neuen Testament:

OFFENBARUNG 12
9 Und gestürzt wurde der große Drache, die alte Schlange, die der Teufel heißt und der Satan, der die ganze Welt verführt; ...

Jedoch bedient sich auch der alttestamentarische Gott der Schlangen als Instrument der Strafe:

NUMERI 21
6 Da ließ Jahwe die Feuerschlangen gegen das Volk los, die bissen das Volk, so dass viele Leute aus Israel starben.

Mit Feuerschlangen sind Giftschlangen gemeint („Der Biss brennt wie Feuer.").

Insbesondere der alttestamentarischen Landbevölkerung waren Giftschlangen durchaus bekannt. Sie wurden häufig angetroffen und der Umgang mit ihnen, beziehungsweise mit den Folgen eines Bisses gehörten zum Alltag (und dies ist in entsprechenden Regionen noch heute der Fall).

Besonders häufig in der Nähe menschlicher Siedlungen anzutreffen ist die Palästinaviper *(Vipera palaestina)*. Sie ist die einzige eierlegende Viper Palästinas und lässt sich bei Jesaja daher eindeutig identifizieren:

JESAJA 59
5 Sie brüten Basiliskeneier aus ... Wer von ihren Eiern isst, muss sterben; wenn man sie zerdrückt, schlüpft eine Otter aus.

Allerdings kommt es hier zur Vermischung mit der Basiliskenmythologie. Der Basilisk ist ein Mischwesen aus Hahn und Schlange, das bereits im Alten Ägypten bekannt war. Er legt angeblich giftige Eier. Eine reale Entsprechung für den Basilisken ist nicht bekannt. Die „echten" Basilisken der modernen Zoologie sind harmlose leguanartige Echsen aus Süd- und Mittelamerika. Da sie mit Hilfe weit gespreizter Zehen die Oberflächenspannung von Wasser geschickt ausnutzend auf den Hinterbeinen zumindest kurze Strecken über Gewässer laufen können, werden sie in der angloamerikanischen Literatur auch als „Jesus Christ Lizards" bezeichnet.

Stirnlappenbasilisk

Der Begriff „Otter“ für einen speziellen Schlangentyp ist übrigens eine Wortprägung Martin Luthers, der bei seinem Versuch, eine deutschsprachige Fassung der Bibel zu erstellen, die für alle verständlich ist, immer wieder neue Wörter geprägt hat. Einige seiner Wortprägungen sind absichtlich entstanden, andere aus Unwissenheit oder aus Abschriftfehlern. Das Wort „Otter“ gehört zu Letzteren.

Es ist abgeleitet vom ostmitteldeutschen Wort „noter“, welches sich wiederum vom mittelhochdeutschen Wort „nater“ ableitet, welches schlichtweg „Schlange“ bedeutet. Das ursprüngliche Wort hat sich bei der Bezeichnung der Familie der Nattern (Colubridae) bis heute erhalten.

In der ostmitteldeutschen Variante von „nater“ ist das „a“ zu „o“ verdumpft: „noter“.

Luther hat in seiner Bibelübersetzung das „n“ von „noter“ für den Auslaut eines unbestimmten Artikels gehalten („’n oter“) und entfallen lassen. Dies wird besonders bei einem Vergleich der Lutherschen Bibelübersetzung mit der von Zwingli deutlich:

Bei Matthäus 3,7 heißt es in der Lutherfassung „otter gezichte“, während es in der Zwinglifassung „nater geschlächt“ heißt.

Luthers Version hat sich über die mehrheitlich evangelischen Gebiete in der deutschen Sprache manifestiert. Inbegriff der Otter ist die einheimische

Kreuzotter *(Vipera berus)*, die in den entsprechenden Gebieten besonders häufig vorkam. Zuweilen wird die gesamte Familie der Giftschlangen (Viperidae) auch als Ottern bezeichnet.

Eine der bekanntesten und häufigsten Schlangenarten Ägyptens ist die Kobra *(Naja haje)*. Sie ist das klassische Tier der Schlangenbeschwörer, eines Berufsstandes, der bereits in Ägypten bekannt war. Auf die Kunst des Schlangenbeschwörens und die Praxis des Ausbrechens der Giftzähne, die bis heute praktiziert wird, wird im folgenden Psalm Bezug genommen. (Der Begriff „Otter" wird analog zum eher bildhaften „Feuerschlange" allgemein für Giftschlangen verwendet. Im folgenden Textbeispiel ist damit eindeutig die Kobra gemeint.)

PSALM 58
4 [die Gottlosen] ... Gift ist in ihnen wie das Gift der Schlange, 5 wie
Gift einer tauben Otter, die verschließt die Ohren. 6 Nicht will sie ver-
nehmen des Zauberers Stimme, des Schlangenbeschwörers, der kundig
starker Beschwörung. 7 Brich ihnen aus, o Gott, die Zähne im Mund ...

Die hierin geäußerte Annahme, dass Schlangen über keinen Gehörsinn verfügen, ist falsch. Schlangen verfügen durchaus über einen Gehörsinn, doch ist dieser nur schwach entwickelt.

Eine weitere Giftschlange des Gebietes ist die Hornviper *(Cerastes cerastes)*, die sich gerne flach im Wegesand eingräbt und sich auf diese Art der Tarnung verlässt. Wird sie nicht berührt, bleibt ihre Gegenwart unbemerkt. Tritt man jedoch versehentlich auf sie, beißt sie blitzschnell zu.

GENESIS 49
17 [Der Stamm der] Dann sei wie eine Schlange am Wege, wie eine Viper am Pfad, die dem Ross in die Fesseln sticht, so dass sein Reiter rücklings fällt.

Bereits in der Schöpfungsgeschichte begegnet uns die Schlange als Werkzeug des Teufels, der in Schlangengestalt den berühmten Sündenfall im Paradies provoziert. Die hieraus resultierende Vertreibung aus dem Paradies ist in ihrer Symbolhaftigkeit mit der zunehmenden Entfremdung der Menschen von den Tieren gleichzusetzen, die mit der Sesshaftigkeit einherging.

Die Schlange jedoch wird bestraft:
Sie wird dazu verdammt *„unter allem Vieh und unter allen Tieren des Feldes ... auf ihrem Bauche zu kriechen alle Tage ihres Lebens"* (GENESIS 3, 14).

Diese Stelle ist von besonderem Interesse im evolutionsbiologischen Kontext. Sie ist einer der eindeutigen Hinweise auf die, bis heute häufig bestrittene, Vereinbarkeit von Religion und Evolutionstheorie. Sie ist ein Beleg des bereits in der Frühzeit erkannten evolutiven Wirkens.

Evolutionsbiologen gehen tatsächlich davon aus, dass Schlangen sich aus vierfüßigen (tetrapoden) Vorfahren entwickelt haben. Waranähnliche Formen, wie der rezente (heute noch lebende) Taubwaran von Borneo *(Lanthanotus borneensis)*, werden als Stammform angenommen. Diese Warane haben sich an eine grabende Lebensweise angepasst und bewegen sich „schlängelnd" und wühlend durch den Boden. Die sehr kurzen Beine werden dabei dicht an den Körper angelegt. Im Übrigen finden sich bei einigen Riesenschlangen noch Reste der hinteren Gliedmaßen im Beckengürtel und sind zuweilen als sogenannte „Aftersporne" auch äußerlich zu erkennen. Eine fossile Schlangengattung mit vier Beinen wurde namentlich *Tetrapodophis* („vierfüßige Schlange") genannt, eine andere, die ebenfalls noch Beine trug, sogar *Najash* (der hebräische Name jener Schlange, die Adam und Eva im Paradies verführte).

Genesis 3

1 Die Schlange war listiger als alle Tiere des Feldes, ...

Ringelnatter

Obgleich sie einerseits als Symbol des Bösen (Teufel) gelten, werden Schlangen auch gerne als weise und klug bezeichnet, im Zusammenhang mit dem Teufel eher als verschlagen oder listig.

Matthäus 10
16 ... Seid also klug wie die Schlangen ...

Ein weithin bekanntes Schlangensymbol ist der Äskulapstab als Zeichen der Heilkunst. Ob sich dieses Bild aus der Bibel herleiten lässt, ist umstritten. Dennoch gibt es eine Passage im Buch Numeri, die genau an dieses Bild denken lässt:

Numeri 21
8 ... Fertige dir eine Feuerschlange an und befestige sie an einer Stange!
Jeder aber, der gebissen ist und sie anschaut, soll am Leben bleiben.

Sandrennnattern

Besondere Bedeutung haben die Schlangen der Gattung *Psammophis* (Sandrennnattern) im Alten Testament.

Exodus 4
1 Mose erwiderte und sprach: „Wenn sie mir aber nicht glauben und
nicht auf mich hören und sagen: Jahwe ist dir nicht erschienen?“ 2 Darauf entgegnete Jahwe: „Was hast du da in deiner Hand?“ Er antwortete:
„Einen Stab.“ 3 Da befahl er: „Wirf ihn auf den Boden!“ Als er ihn auf
den Boden geworfen hatte, wurde er zu einer Schlange. Mose ergriff vor
ihr die Flucht. 4 Hierauf sprach Jahwe zu Mose: „Strecke deine Hand
aus und fasse sie am Schwanz!“ Er streckte seine Hand aus, packte sie
und sie wurde in seiner Hand wieder zum Stab ...

Der Stab, den Mose hier benutzt, lässt sich anhand der Beschreibung des Vorganges eindeutig als Schlange der Gattung *Psammophis* identifizieren; anhand des Ortes des Geschehens sogar bis zur Art: es ist mit hoher Wahrscheinlichkeit die Forskalsche Sandrennnatter *Psammophis schokari*.

Die ursprünglich arborealen (= baumbewohnenden) Sandrennnattern zeigen ein Verhalten, das man als Astmimese bezeichnet. Fühlen sie sich bedroht, so versteifen sie augenblicklich ihren Körper. Mit ihrer rindenähnlichen

Zeichnung wirken sie dann wie ein Ast im Gestrüpp, in ihrem ursprünglichen Lebensraum eine durchaus wirkungsvolle Tarnung (Mimese).

Löst sich die Spannung oder die Situation auf, rasen sie mit hoher Geschwindigkeit davon. Nicht umsonst werden diese Schlangen in Arabien „Vater des Pfeiles" genannt.

Die beschriebene Begebenheit ereignet sich auf der Sinai-Halbinsel. Dort kommt jedoch nur eine Art der ansonsten auf dem afrikanischen Kontinent und in Südostasien weit verbreiteten Schlangengattung vor – eben die Forskalsche Sandrennnatter.

Nur wenige Kapitel weiter, wird eine ganz ähnliche Begebenheit geschildert:

Der Aaronsstab

EXODUS 7

8 Jahwe sprach zu Mose und Aaron: 9 „Wenn der Pharao euch auffordert: ‚Wirket doch ein Wunder!' dann sprich zu Aaron: ‚Nimm deinen Stab und wirf ihn vor den Pharao hin.' Er wird zu einer Schlange werden. 10 Mose und Aaron kamen zu dem Pharao und taten, wie Jahwe befohlen hatte. Aaron warf seinen Stab vor den Pharao und seine Diener hin, und er wurde zu einer Schlange. 11 Da ließ der Pharao die Weisen und Zauberer rufen, und die ägyptischen Zauberer taten dasselbe mit ihren Zauberkünsten. 12 Alle warfen ihre Stäbe hin und diese wurden zu Schlangen. Aber der Stab Aarons verschlang ihre Stäbe.

In Ägypten gibt es neben der Forskalschen Sandrennnatter noch eine weitere Art, die Schmucksandrennnatter *(Psammophis sibilans)*. Wie fast alle Vertreter der Gattung hat auch die Schmucksandrennnatter noch die Astmimese „im Blut". Nun „verschlingt" der Aaronstab die Schlangen der ägyptischen Gelehrten. Die Schmucksandrennnatter ist wesentlich größer und kräftiger gebaut als die eher drahtige Forskalsche Sandrennnatter. Beide Arten ernähren sich ursprünglich von Eidechsen. Die größere Schmucksandrennnatter jedoch ist auch ophiophag, das heißt, sie erbeutet auch kleinere Schlangen. Aaron hat offenbar eine Schmucksandrennnatter benutzt. Dies zeugt von sehr detaillierter Kenntnis zur Biologie dieser Schlangen.

Im Übrigen wird die aaronsche Schlange als *nahash* bezeichnet. *Nahash* ist das hebräische Wort für „zischen" und dies entspricht somit dem wissenschaftlichen Namen der Schmucksandrennnatter (*sibilare,* lat. = zischen) und der alten deutschen Bezeichnung für diese Art, Zischnatter.

Auch die im Buch Jesaja genannte Natter lässt sich mit einer Sandrennnatter identifizieren.

Jesaja 11
8 ... in die Höhle der Natter streckt das entwöhnte Kind seine Hand. 9 Sie
schaden nicht und richten kein Verderben an ...

Sandrennnattern gehören zu den Trugnattern, die zwar eine Giftdrüse besitzen und auch Fangzähne haben, die jedoch im Kiefer weit hinten liegen (opisthoglyph). Daher gelten sie nur als bedingt giftig. Für Kleinkinder jedoch („entwöhnt") könnte der Biss einer Sandrennnatter durchaus gefährlich werden. Im Übrigen halten sich Sandrennnattern in den Trockensteppen und halbwüstenartigen Biotopen gerne am Fuße von Büschen und Sträuchern, unter Steinen und Ästen oder in verlassenen Nagerbauten auf („die Höhle der Natter").

Zornnattern

Eine weitere (fast) eindeutig bestimmbare Schlangenart in der Bibel ist die Gelbgrüne Zornnatter *(Coluber viridiflavus)*. In der Apostelgeschichte ist folgende Stelle zu finden:

Apostelgeschichte 28
Paulus raffte ein Bündel Reisig zusammen und warf es in das Feuer. Da schnellte infolge der Hitze eine Natter heraus und hing an seiner Hand. ... er schüttelte das Tier ins Feuer, ohne Schaden zu nehmen.

Als Ort des Geschehens wurde Malta identifiziert. Daher ist anzunehmen, dass es sich bei der Schlange um eine Zornnatter handelt. Häufigste Art ist die Gelbgrüne Zornnatter, möglich wäre auch die Identifizierung mit der seltener vorkommenden Algerischen Zornnatter *(Coluber algirus)*. Zutreffend ist, dass beide Arten sich bevorzugt im Gebüsch (oder in Reisigbündeln) aufhalten und schnell aggressiv reagieren (daher der Name) und zubeißen, ohne jedoch einem Menschen ernstlich Schaden zufügen zu können.

Fische

Fische spielen in der christlichen Religion eine große Rolle. Das Bibelland ist von Meeren umgeben und das Leben konzentrierte sich an den Ufern dieser Meere und entlang der großen Flüsse. Ein großer Teil der Bevölkerung lebte vom Fischfang.

Der Begriff „Fische" ist zoologisch nicht eindeutig gefasst. Es ist eher ein Sammelbegriff für die Vertreter sogar verschiedener Tierklassen: die Knochenfische *(Osteichthyes)* mit den „klassischen" Fischen wie Karpfen, Wels und Hering, die Knorpelfische *(Chondrichthyes)* mit den Haien und Rochen, die Rundmäuler *(Cyclostomata)* mit den Neunaugen, und die Schädellosen *(Cephalochordata)* mit den Lanzettfischchen. Für den Fischfang bedeutend sind vor allem die Knochenfische.

Im Neuen Testament ist zu erfahren, dass die beiden Apostel Petrus und Andreas von Beruf Fischer sind. Darauf spielt Jesus an, als er sie im Matthäusevangelium auffordert, ihn zu begleiten und seine Mission zu unterstützen:

Matthäus 4
19 … ich will euch zu Menschen-Fischern machen!"

Der Fisch wurde im frühen Christentum zu einem Geheimzeichen, denn das griechische Wort für Fisch, *Ichthys*, galt als Akronym für Jesus Christus selbst:

I für Jesus
Ch für Christus
Th für Gott *(theos)*
Y für Sohn *(yios)*
S für Retter/Heiland *(soter)*

Die populärste Fischgeschichte in der Bibel handelt jedoch gar nicht wirklich von einem Fisch – oder doch? Es ist die Geschichte von Jona im Bauch des Wales. Im Text heißt es hierzu:

Jona 1
15 Und sie nahmen Jona und warfen ihn ins Meer, und das Meer ließ ab von seinem Toben.

Jona 2
1 Da bestellte Jahwe einen Fisch, um Jona zu verschlingen, und Jona war
drei Tage und drei Nächte im Bauche des Fisches. … 11 Und Jahwe gebot
dem Fisch, und er spie den Jona aufs Land.

Ursprünglich ging man davon aus, dass lediglich Wale groß genug seien, um einen Menschen im Ganzen zu verschlingen. Tatsächlich wurden Wale bis ins 20. Jahrhundert hinein als „Walfische" bezeichnet und selbst von Alfred Brehm, jenem großen Zoologen der Jahrhundertwende, wurde der Wal noch als „Fisch unter den Säugetieren" bezeichnet.

Das griechische Wort *ketos,* welches an dieser Stelle in der Bibelübersetzung auftaucht, bezeichnet jedoch wahlweise sowohl einen Wal, einen Thunfisch (bzw. einen „großen" Fisch) und ein Seemonster. Heute werden mit dem Wort nur noch Wale (Säugetierordnung *Cetacea*) bezeichnet.

Die Identität des „Fisches" in der Jona-Erzählung bleibt also unbekannt. Allerdings weist Karl Shuker darauf hin, dass in der Antike auch Welse häufig als „Menschenfresser" erwähnt werden. Der Europäische Wels *(Silurus glanis)* kommt im betreffenden Gebiet vor und kann durchaus eine Größe erreichen, die es ihm ermöglicht, ein Kind zu schlucken (und wieder auszuspucken). Daher dürfte diese Fischart der beste Kandidat für die Identifizierung des Jona-Fisches sein.

In der Psychologie wird der Bauch des Fisches mit einer Art Gebärmutter gleichgesetzt, aus der man (Jona) geläutert wiedergeboren wird.

Wels

Lazarus-Tierarten

Johannes 11
1 Nun war da ein Kranker, Lazarus von Betanien, ... 11 ... Und darauf
sagte er zu ihnen: „Unser Freund Lazarus schläft. Aber ich gehe hin, ihn
aufzuwecken.“ ... 13 Jesus hatte aber von seinem Tode gesprochen.
... 14 ... „Lazarus ist gestorben. ... 17 Bei seiner Ankunft fand ihn Jesus
schon vier Tage begraben. ... 43 Und nach diesen Worten rief er mit
lauter Stimme: Lazarus, komm heraus!“. 44 Da kam der Tote heraus,
Füße und Hände in Binden gewickelt, und sein Gesicht war mit einem
Schweißtuch umbunden. Jesus sagte zu ihnen: „Bindet ihn los und lasst
ihn gehen.“

Was sich wie eine moderne Zombiegeschichte liest, ist eine der Wundertaten, die Jesus vollbracht haben soll (in Vers 25 sagt Jesus: „Ich bin die Auferstehung.“).

Eben jener Lazarus war Namenspate des Lazarus-Effektes. Dieser beschreibt die Wiederentdeckung von Tierarten, die bereits als ausgestorben galten. Er wurde von dem US-amerikanischen Wissenschaftler David Jablonski geprägt.

Eine Tierart gilt nach den Kriterien der International Union for the Conservation of Nature (IUCN) als ausgestorben, wenn trotz intensiver Nachforschung in einer angemessenen Zeit (abhängig vom Lebenszyklus der Tierart) kein lebendes Exemplar eindeutig dokumentiert werden konnte. Der tasmanische Beutelwolf *(Thylacinus cynocephalus)* beispielsweise, eine der populärsten neuzeitlich ausgestorbenen Tierarten, wurde 1986, genau 50 Jahre nach dem Tod des letzten lebenden Exemplares, für ausgestorben erklärt. Würde man ihn wiederentdecken, dann handelte es sich um ein Lazarus-Taxon, also eine Tierart, die überraschenderweise doch nicht ausgestorben ist.

Neben einem natürlichen Aussterbeablauf, der evolutionsmäßig vorgegeben ist, trägt leider der Mensch in erheblichem Maße dazu bei, dass zahlreiche Mitgeschöpfe für immer von der Erde verschwinden. In gewisser Weise macht der Mensch sich damit schuldig und verstößt gegen das Gottesgebot, die Schöpfung zu bewahren.

Genesis 2
15 Jahwe Gott nahm den Menschen und setzte ihn in den Garten Eden,
damit er ihn bebaue und bewache.

Im Gegensatz zum häufig missverstandenen „Herrschaftsanspruch“ aus dem 1. Kapitel der Genesis, die allerdings ebenso zu deuten ist, wird die Verantwortung, Sorge für den gemeinsamen Lebensraum zu tragen, besonders deutlich.

Die Rote Liste der IUCN zählt im Jahr 2019 allein über 80 Säugetierarten auf, die von Menschen ausgerottet wurden. Doch das ist nur die Spitze des Eisbergs. Die Dunkelziffer ist bei Vogel-, Reptilien-, Fisch- und Insektenarten noch wesentlich größer.

Eine der bekanntesten Lazarus-Tierarten ist der Quastenflosser *(Latimeria chalumnae)*, eine urtümliche Fischart, die 1938 wiederentdeckt wurde, nachdem man die gesamte Gruppe für seit über 60 Millionen Jahren ausgestorben glaubte. Etwas weniger spektakulär ist der Fall der Bayerischen Kurzohrmaus *(Microtus bavaricus)*, die erst 2000 wiederentdeckt wurde.

Leider sind auch im Bibelland immer wieder Tierarten ausgestorben, die meisten infolge menschlichen Handelns. Aber auch hier gibt es einen Lichtblick: Im Jahr 2011 wurde der ausgestorben geglaubte Israelische Scheibenzüngler *(Latonia nigriventer)*, eine Froschart, wiederentdeckt.

Ähnlich wie die Wundergeschichte von der Auferweckung des Lazarus den frühen Christen Hoffnung geben sollte, so ist der Lazarus-Effekt ein Hoffnungsschimmer im laufenden Dilemma des Artensterbens, dem aktuellen Schätzungen zufolge rund 50 Arten pro Tag (!) zum Opfer fallen.

Affen

Im Bibelland im engeren Sinne (Israel und Nachbarstaaten) gibt es keine Affen. Allerdings gehörten verschiedene Affenarten (vor allem Meerkatzen und Paviane) zu den Lieblingshaustieren der Ägypter. Sie waren damit ein Luxusgut, was ihre Aufzählung in einer Reihe mit anderen Luxusgütern erklärt.

1 KÖNIGE 10
22 Alle drei Jahre einmal kamen die Tarschisch-Schiffe zurück und brachten Gold, Silber, Elfenbein, Affen und Pfauen.

Tarschisch war ein Handelshafen in Spanien. Folglich lässt sich nicht mit Sicherheit sagen, woher die Waren stammten, die dort verladen wurden. Bereits in alttestamentarischer Zeit trieben die Phoenizier Handel selbst mit weit entlegenen Völkern. Sie brachten auch die Seefahrt zu einer ersten Blüte. Neben Tarschisch war die indische Hafenstadt Ophir ein häufiges Ziel.

1 KÖNIGE 9
28 Sie fuhren nach Ophir ...

Etwas gewagter ist die Theorie, dass die Phönizier bereits bis nach Amerika gefahren waren und gar mit den mittelamerikanischen Hochkulturen Handel trieben. Es gibt sogar die Theorie, wonach die sagenhaften Goldminen von König Salomo in Südamerika lagen.

2 CHRONIK 9
21 Denn der König [Salomo] besaß Schiffe, die mit den Knechten Hurams
nach Tarschisch fuhren. Einmal in drei Jahren kamen die Tarschisch-Schiffe
mit Gold, Silber, Elfenbein, Affen und Pfauen beladen zurück.

Damit gab es insgesamt vier Quellen für die Herkunft von Affen: aus Indien (z. B. Languren oder Makaken), aus Ägypten (z. B. Paviane), aus Westafrika (Schiffe von dort mussten über Tarschisch verkehren) oder gar aus Südamerika.

Grüne Meerkatze

Bären

Auf der nördlichen Erd-Halbkugel spielen Bären eine große Rolle. Dort sind sie auch die mit Abstand größten Beutegreifer, namentlich der Eisbär *(Ursus maritimus)* und die diversen Unterarten des Braunbären *(Ursus arctos)*. Beide Arten haben eine zirkumpolare Verbreitung, das heißt, sie kommen rund um den Nordpol in Nordamerika, Nordasien und Nordeuropa vor. Traditionell wurden Bären bei allen nordischen Völkern als heilig oder göttlich verehrt.

Auch im Bibelland kam eine Unterart des Braunbären, der Syrische Braunbär *(Ursus arctos syriacus)* vor, der jedoch seit 1930 im Bibelland als ausgestorben gilt. Ähnlich wie die anderen großen Beutegreifer Löwe und Leopard stellten die Bären beeindruckende und nicht leicht zu vertreibende Gegner für die Kleinviehhirten des Nahen Ostens dar.

1 SAMUEL 17
34 David antwortete dem Saul: „Dein Knecht hütet seinem Vater die Schafe;
kam dann der ... Bär und holte sich ein Schaf aus der Herde, 35 so lief
ich ihm nach, schlug auf ihn los und riss es ihm aus dem Rachen. Wenn
er mich aber angriff, so packte ich ihn ... und schlug ihn tot. 36 Löwen
wie Bären hat dein Knecht erschlagen; ...

Besonders jungeführende weibliche Braunbären galten als gefährlich. Sie verteidigen ihre Jungen und suchen verstärkt nach Nahrung, um diese zu ernähren. Daher galten Bärinnen generell als besonders blutrünstig.

HOSEA
8 Ich will sie anfallen wie die Bärin, die der Jungen beraubt ist ...

2 KÖNIGE 2
24 Er aber wandte sich um, schaute sie an und fluchte ihnen beim Namen Jahwes. Da kamen zwei Bärinnen aus dem Wald und zerrissen zweiundvierzig von den Knaben.

Entsprechend ist das Paradies-Bild bei Jesaja zu deuten:

JESAJA 11
7 Die Kuh wird sich der Bärin zugesellen, und ihre Jungen liegen beieinander; ...

Braunbär

In diesem Zusammenhang ist darauf hinzuweisen, dass nur Bären (und große Löwen) kräftig genug waren, um Rinder zu reißen. Dies führt auch heutzutage beispielsweise in Südamerika zu Konfliktsituationen zwischen Bären und Großviehhaltern.

Entsprechend der anfangs erwähnten Bedeutung von Bären bei den Völkern der Nordhalbkugel galt der Braunbär bis ins Mittelalter hinein auch in Mitteleuropa als „König der Tiere“, bevor er in dieser Rolle vom Löwen abgelöst wurde. Dies war eine Folge der Christianisierung des Bärens, der seiner göttlichen Rolle beraubt werden sollte, da sie von heidnischen Traditionen geprägt war. Hierzu wurden selbst Kirchenräume mit Bärenfellen ausgelegt, die von den Christen realbildlich „zertreten“ wurden.

Wölfe und Füchse

Während den großen Beutegreifern Löwe, Bär und Leopard mit Respekt und Ehrfurcht begegnet wird, wird der Wolf *(Canis lupus)* in den biblischen Texten eher in ein zwielichtiges Licht gestellt. Dies mag zum Teil daran liegen, dass die alttestamentarischen Hirten sich häufiger mit Wölfen auseinandersetzen mussten als mit den anderen Großraubtieren, und Wölfe den Menschen weniger mit Körperkraft überlegen waren, als mit ihrer Jagdstrategie, die als verschlagen galt. Wie in den moderneren Fabeln gilt er als Inbegriff von Gier und Rücksichtslosigkeit.

EZECHIEL 22
27 Seine Beamten in seiner Mitte waren wie raubgierige Wölfe, indem sie Blut vergossen.

Sprichwörtlich ist der Wolf im Schafspelz aus dem Matthäusevangelium, mit dem ebendiese Verschlagenheit symbolisiert wird. Mit dem Bild des Propheten im Schafskleid wird deutlich, dass damit der Mensch gemeint ist (genau genommen sogar der Schäfer), der nun die Rolle übernimmt, einerseits Hüter der Schafe zu sein, andererseits aber auch das Raubtier, das die Schafe schlachtet.

MATTHÄUS 7
15 Hütet euch vor den falschen Propheten, die in Schafskleidern zu euch kommen, inwendig aber reißende Wölfe sind.

MATTHÄUS 10
16 Seht, ich sende euch wie Schafe mitten unter die Wölfe. ...

Mit diesem Bild erklärt sich auch die Zuweisung „böser“ Eigenschaften auf den Wolf. Der Wolf, soviel war auch unseren Ahnen bekannt, ist zugleich der Stammvater des Haushundes *(Canis familiaris)*. Die Aufspaltung des Wolfes in eine (ursprüngliche = primitive) wilde und eine (fortschrittliche) domestizierte Form ging einher mit der Übertragung von negativen Eigenschaften auf die wilde und positiven Eigenschaften auf die domestizierte Form (der Hund als bester Freund des Menschen). Diese Ambivalenz in der Beurteilung des Wolfes findet ihre Fortsetzung in der aktuellen Diskussion um die Rückkehr des Wolfes nach Deutschland.

Die zugewiesene Bösartigkeit des Wolfes macht sich Jesaja zunutze, um sie in seinen Visionen vom Paradies anzuführen:

JESAJA 11
6 Dann wohnt der Wolf bei dem Lamm ...

Damit widerspricht er den Ausführungen von Jesus Sirach.

JESUS SIRACH 13
17 Gesellt sich etwa der Wolf zum Lamme? / Ebensowenig der Gottlose zum Frommen.

Rudel Timberwölfe

Rotfuchs

Die im Bibelland verbreitete Wolfsunterart ist der Indische Wolf *(Canis lupus pallipes)*. Wie der renommierte Wolfsforscher Werner Freund festgestellt hat, unterscheiden Indische Wölfe sich deutlich im Verhalten von allen anderen Unterarten und stellen daher eine Besonderheit dar. Offenbar ist insbesondere ihr Rudelleben nicht so stark ausgeprägt und sie haben die notwendigen Voraussetzungen, auch solitär zu leben.

Häufig verwechselt werden Fuchs und Schakal (Goldschakal, *Canis aureus*) als „kleinere" Hundeartige Beutegreifer. Neben dem auch bei uns vorkommenden Rotfuchs *(Vulpes vulpes)* leben noch weitere Arten der Gattung im betreffenden Gebiet. Eine Zuordnung zu den einzelnen Fuchsarten in den Bibeltexten ist noch weniger möglich als die Differenzierung zwischen Fuchs und Schakal.

Eindeutig ist die Zuordnung zum Schakal als Kadaverfresser in Psalm 63:

Psalm 63

11 Preisgegeben des Schwertes Gewalt, / den Schakalen zur Beute.

In einigen Fällen ist die Zuordnung nach wie vor umstritten.

EZECHIEL 13
4 Wie Füchse [Schakale] in den Ruinen waren deine Propheten, Israel.

An dieser Stelle wird in modernen Versionen eher der Schakal erwähnt.

In einzelnen Bibelstellen erhält der aufmerksame Leser Informationen zu den Lebensgewohnheiten der Füchse (z. B. ihr Leben in Bauten und ihre Vorliebe für Weintrauben).

MATTHÄUS 8
20 ... Die Füchse haben Höhlen und die Vögel des Himmels Nester. ...

HOHES LIED 2
15 Fangt uns die Füchse, die jungen Füchse. Die verwüsten die Weinberge, ...

Dem Fuchs wird Lust am Töten nachgesagt (z. B. im Volkslied „Fuchs, du hast die Gans gestohlen...“). Dies findet bereits im Neuen Testament seinen Niederschlag, als König Herodes (der „Kindermörder“) als Fuchs bezeichnet wird:

LUKAS 13 HERODES, DER FUCHS
32 ... „Gehet hin und saget diesem Fuchs: Siehe, ich treibe Dämonen aus ...“

Schakal

Löwen

Der Löwe *(Panthera leo)*, überall dort, wo er vorkommt, die Spitze der Beutepyramide (Spitzenprädator), ist eines der am häufigsten erwähnten Tiere der Bibel. Er wird mehr als 130 mal genannt.

In unserer Legenden- und Fabelwelt gilt der Löwe als „König der Tiere", eine Position, die bei nordischen Völkern bis ins Mittelalter hinein der Braunbär *(Ursus arctos)* hatte. In der Ikonographie des Mittelalters löste der Löwe dann den Bären ab. Auch in der Bibel ist der Löwe der „König der Tiere". Er ist das einzige Tier, das zuweilen unmittelbar mit Gott assoziiert wird. Man spricht dann von einem theriomorphen Gottesbild.

AMOS 3
8 Brüllt der Löwe, wer erschreckt da nicht? Spricht Jahwe, der Herr, wer sollte da nicht weissagen?

1 KÖNIGE 13
26 ... Darum hat ihn Jahwe dem Löwen übergeben; der hat ihn zerrissen und getötet, gemäß dem Worte, das Jahwe zu ihm geredet hat.

2 KÖNIGE 17
25 Da sandte Jahwe Löwen unter sie [in Samaria Assyrien] ...

HOSEA 13
4 Ich aber, Jahwe, bin dein Gott ... 7 So werde ich für sie sein wie ein Löwe ...

PSALM 7
2 „Herr, zerreiße nicht wie ein Löwe meine Seele, da keiner ist, der mich befreit noch rettet." (Fassung laut „Physiologus")

OFFENBARUNG 5
5 „... Siehe, der Löwe aus dem Stamme Juda, der Sproß Davids [d. i. Christus; Anm. des Autors], hat gesiegt, so dass er die Buchrolle und ihre sieben Siegel zu öffnen vermag."

Dieses Bild steht in direktem Widerspruch zum alttestamentarischen Verbot des Götzenbildes.

EXODUS 20
4 Du sollst dir kein geschnitztes Bild machen, kein Abbild von dem, was im Himmel droben oder unten auf der Erde oder im Wasser unter der Erde ist.

LEVITICUS 19
4 ... macht euch keine gegossenen Bilder. ...

Andererseits ist die majestätische Erscheinung des Löwen („König der Tiere“!) stark genug, um Kraft, Ausdauer und Macht zu symbolisieren, der Grund, warum Löwen in der Heraldik eine große Rolle spielen. Bereits bei der Gründung des Staates Juda wurde der Löwe zum Wappentier desselben ausgerufen.

GENESIS 49
9 Ein junger Löwe ist Juda, von der Beute erhebst du dich, mein Sohn. Dann streckt er sich hin, liegt wie ein Löwe da, wie eine Löwin.

HOSEA 5
14 Denn ich bin wie ein Löwe für Ephraim, wie ein junger Leu für das Haus Juda. Ja, ich zerreiße und gehe davon, ich schleppe fort, und niemand rettet.

Auch im natürlichen Leben hat der Löwe als Spitzenprädator keine Feinde zu fürchten.

SPRÜCHE 30
30 Der Löwe, der Held unter den Tieren, / der vor niemandem kehrtmacht;

Für die Hirtenvölker des Alten Testaments ist der Löwe jedoch eine allgegenwärtige Gefahr, wie die anderen großen Beutegreifer auch.

1 PETRUS 5
8 ... Euer Widersacher, der Teufel, streift umher wie ein brüllender Löwe und sucht, wen er verschlinge.

1 SAMUEL 17
34 David antwortete dem Saul: „Dein Knecht hütet seinem Vater die
Schafe; kam dann der Löwe oder der Bär und holte sich ein Schaf aus der
Herde, 35 so lief ich ihm nach, schlug auf ihn los und riss es ihm aus
dem Rachen. Wenn er mich aber angriff, so packte ich ihn bei der Mähne
und schlug ihn tot. 36 Löwen wie Bären hat dein Knecht erschlagen; ...

Jesaja 5
29 Sein Gebrüll ist wie das des Löwen, er brüllt wie die Jungen des Löwen. Er knurrt und packt den Raub, schleppt ihn fort und niemand entreißt ihn ihm.

2 Timotheus 4
17 ... – ich wurde „aus dem Rachen des Löwen" befreit.

Richter 14
5 Simson ging nach Timna hinab, und als er zu den Weinbergen von
Timna kam, sah er einen jungen Löwen, der ihm brüllend entgegen-
sprang. 6 Da kam der Geist Jahwes über ihn, und ohne etwas in der
Hand zu haben, riss Simson den Löwen in Stücke, ...

Die Vision Jesajas sollte als Trost für den Konflikt zwischen Mensch und Löwe dienen.

Jesaja 11
6 ... Kalb und Löwenjunges weiden gemeinsam, ein kleiner Knabe kann
sie hüten. 7 ... der Löwe nährt sich wie das Rind von Stroh.

Versuche, in Zoologischen Gärten diese Vision wahr werden zu lassen, sind gescheitert. Zwar ist es begrenzt möglich, junge Löwen mit Lämmern aufzuziehen, aber ohne menschliches Eingreifen endet eine solche Vergesellschaftung spätestens mit Erreichen des Erwachsenenalters des Beutegreifers. Ein früher Versuch dieser Art scheiterte bereits im 1. Jahrhundert n. Chr. in Rom.

Wir erfahren in den alttestamentarischen Texten auch wichtige Details zur Biologie der Löwen. So zum Beispiel, dass es in erster Linie die Löwinnen sind, die gemeinsam für das Rudel zur Jagd gehen:

Hiob 38
39 Bist Du es, der der Löwin jagt die Beute? / Kannst du die Gier der jungen Löwen stillen?

Auch zum Lebensraum der alttestamentarischen Löwen erfahren wir einige wesentliche Details, die uns bei der systematischen Identifizierung der Tiere helfen.

Löwen

Hohes Lied 4
8 ... Steige herab vom Gipfel des Antilibanon, vom Gipfel des Senir und Hermon. Vom Aufenthaltsorte der Löwen, ...

Amos 3
3 Gehen wohl zwei miteinander, wenn sie sich nicht verabredet
haben? 4 Brüllt der Löwe im Walde, wenn er keine Beute gemacht?
Erhebt der junge Leu seine Stimme im Lager, wenn er keinen Fang
getan? ... 7 Nein, Jahwe, der Herr, tut nichts, ohne seinen Plan seinen
Knechten, den Propheten, zu offenbaren.

Während die afrikanischen Löwen reine Savannenbewohner sind, wird hier der Lebensraum Wald erwähnt, ein Charakteristikum, das auch auf die wenigen verbliebenen Asiatischen Löwen *(Panthera leo persica)* zutrifft (auch die Hänge des Antilibanon-Gebirges waren dicht bewaldet). Und tatsächlich gehörten die hier vorkommenden Löwen zum asiatischen Zweig der Art.

Nach der großflächigen Rodung der Wälder waren Asiatische Löwen bis zum 13. Jahrhundert nach Christus in Palästina weitgehend ausgestorben, spätestens 1920 auch in allen anderen Teilen ihres Verbreitungsgebietes. Heute lebt nur noch eine Restpopulation im indischen Bundesstaat Gujarat im Nordwesten Indiens.

Bereits die babylonischen Könige hielten Löwen als Symbol ihrer Macht in sogenannten Löwengruben oder Zwingern. Zum Vergnügen der Oberschicht wurden diesen Löwen Gefangene oder Sklaven zum Fraß vorgeworfen, wie später auch in den Arenen des römischen Reiches. Ein Entkommen aus den Löwengruben galt als unmöglich.

Die vielleicht bedeutendste Löwengeschichte der Bibel ist die Erzählung von Daniel in der Löwengrube.

Daniel 6
11 Als Daniel erfuhr, die Ausfertigung [wonach es für die Dauer von drei
Tagen verboten ist, an irgendeinen Gott oder Menschen, außer dem König
[Darius], eine Bitte zu richten] sei unterzeichnet, stieg er ins Obergemach
seines Hauses hinauf, wo die Fenster ihm (den Blick) gegen Jerusalem
zu eröffneten; dort warf er sich dreimal des Tages auf die Knie nieder,
betete zu seinem Gott und lobte ihn, so wie er es bisher immer getan
hatte. 12 Da drangen plötzlich jene Männer ein und trafen Daniel dabei
an, wie er zu seinem Gott betete und ihn bekannte. ... 17 Auf dies hin
gab der König den Befehl; da wurde Daniel geholt und in die Löwengrube
geworfen. ... 20 Schon am frühen Morgen erhob sich der König und
ging eilends zur Löwengrube. 21 Als er sich der Grube näherte, rief er
mit angstvoller Stimme nach Daniel ...: „Daniel, du Diener des lebendigen
Gottes! Hat dein Gott ... dich vor den Löwen retten können?“ 22 Da
gab Daniel dem König Antwort: ... 24 Da freute sich der König ... und
befahl, Daniel aus der Grube heraufzuholen. So wurde Daniel aus der
Grube wieder heraufgeholt. Er wies nicht die geringste Verletzung auf, ...

Hier ist wieder die Ambivalenz des Löwen deutlich: während der jüdische Löwe ein Gottessymbol sein kann, ist der babylonische Löwe die Verkörperung des Bösen, das mit göttlicher Hilfe nicht mehr unausweichlich ist.

Leoparden

Der biblische Panther ist der Sinai-Leopard, der gegenwärtig als Form des Arabischen Leoparden *(Panthera pardus nimr)* gewertet wird, der auf der gesamten arabischen Halbinsel verbreitet ist. Möglicherweise gehört er auch zur Nominatform *Panthera pardus pardus* (Afrikanischer Leopard) oder gar zu den Persischen Leoparden *(Panthera pardus tulliana)*. Fakt ist, dass die Population von Leoparden auf der Sinai-Halbinsel, die isoliert von allen anderen Leopardenpopulationen vorkommt, zur Zeit stark bedroht ist.

Schafe und Ziegen fallen in das Beuteschema des Leoparden. Daher geriet der Leopard immer wieder in Konfrontation mit den alttestamentarischen Hirtenvölkern.

In der Umgangssprache wird der Begriff „Panther" als Bezeichnung für die schwarze Farbvariante des Leoparden benutzt. Tatsächlich ist er jedoch synonym zum Begriff des Leoparden, ganz gleich ob gefleckt oder melanistisch (d. h. schwarz). Ohnehin kommt die melanistische Form im betreffenden Gebiet gar nicht vor. Sie ist vor allem in den feuchten Regenwaldgebieten Südasiens und Westafrikas zu finden. Die Etymologie des griechischen Begriffes ist unklar. Es wird jedoch deutlich, dass mit dem Wort ursprünglich die gefleckte Form des Leoparden gemeint war. Hier einige Beispiele:

- Plinius der Ältere schreibt in seiner Naturgeschichte, dass der Panther zu den wenigen buntgefleckten Tierarten zählt.
- Gaffiot übersetzt in seinem lateinisch-französischen Wörterbuch das Wort „pantherin" mit gefleckt, getüpfelt, wobei er sich explizit auf Plinius bezieht
- Im Physiologus heißt es, der Panther sei „so bunt wie Josephs Rock" und bezieht sich auf Genesis 37 (Joseph und seine Brüder).
- In der mittelalterlichen Kunst waren die Körper der Panther stets mit bunten Tupfen übersät.

Im Buch Jeremia wird dies auch in den unterschiedlichen Bibelübersetzungen deutlich:

JEREMIA 13
23 Kann etwa ein Mohr seine Haut wechseln oder ein Panther sein buntes Fell?

[In der niederländischen Fassung heißt es: „Kan een Ethiopier zijn huid veranderen, of een panter zijn vlekken?"]

Amurleopard

Als ernstzunehmende Bedrohung galt es, vor dem Leoparden auf der Hut zu sein. Leoparden sind Lauerjäger und gerade aufgrund ihrer Fleckung hervorragend getarnt.

JEREMIA 5
6 ... Ein Panther lauert vor ihren Städten. Jeder, der aus ihnen herauskommt, wird zerrissen werden. ...

HOSEA 13
7 ... wie ein Panther werde ich am Wege lauern.

Auch biogeographisch erhalten wir konkrete Hinweise auf das Vorkommen von Leoparden, die sich noch heute in die bergigen Gegenden zurückziehen.

HOHES LIED 4

8 Komme, o Braut, vom Libanon! / ... Steige herab vom Gipfel des Antilibanon, / ... von den Bergen der Panther!

Neben dem Leopard dürfte den alttestamentarischen Autoren auch der Gepard *(Acinonyx jubatus)* bekannt gewesen sein. Bereits seit mehr als 5.000 Jahren waren Geparden als Jagdhelfer in Mesopotamien im Einsatz. Und auch an den Fürstenhöfen der Araber wurden sie ihrer Schnelligkeit wegen bei der Wildhetzjagd eingesetzt. Die Nutzung von Geparden bei der Jagd hielt bis in die Neuzeit an. Aufgrund ihrer dunklen Tupfen auf gelblichem Fell wurden sie bereits in der Antike häufig mit Leoparden verwechselt und in der Jägersprache heißen sie bis heute „Jagdleopard". Vermutlich müsste in folgender Passage aus dem Buch Habakuk das Wort Panther durch Gepard/Jagdleopard ersetzt werden.

HABAKUK 1

8 Schneller als Panther sind seine Rosse ...

Gepard

Hasen und Nicht-Kaninchen

Obgleich der Hase in der Neuzeit untrennbar mit einem der höchsten christlichen Feste, Ostern, verknüpft ist, wird er in der Bibel nur selten erwähnt und sogar missgedeutet. Die Verknüpfung mit Ostern basiert nicht auf biblischen Vorgaben, sondern kommt durch eine Verschmelzung des christlichen Wiederauferstehungsfestes mit heidnischen Frühlingsriten aus vorchristlicher Zeit zustande. Der Hase war das Leittier der angelsächsischen Mondgöttin Ostara, die zuweilen sogar mit Hasenkopf dargestellt wurde. Diese war auch Symbol der Dämmerung und Erneuerung. Dies und die sprichwörtliche Fruchtbarkeit von Hasentieren ließen den Hasen zum Frühlingssymbol werden.

Im Bibelland sind vor allem folgende Arten anzutreffen: Syrischer Hase *(Lepus europaeus syriacus)* und verschiedene Unterarten des Kaphasen *(Lepus capensis)*. Es gilt jedoch zu beachten, dass die Taxonomie der Hasenartigen der Gattung *Lepus* weiterhin uneindeutig bleibt. In einigen Bibelübersetzungen ist „Kaninchen“ zu lesen. Kaninchen kamen aber in alttestamentarischer Zeit nicht im Bibelland vor.

Ihre prominenteste Erwähnung erfahren Hasen in den Listen der Reinheitsgebote.

Leviticus 11

4 Dagegen dürft ihr ... folgende nicht essen: ... 6 den Hasen, denn er ist zwar ein Wiederkäuer, hat aber keine gespaltenen Klauen, er ist für euch unrein.

Deuteronomium 14

7 Doch dürft ihr von den Wiederkäuern und Spalthufern folgende nicht genießen: Kamel, Hase und Klippdachs – da sie zwar Wiederkäuer sind, aber keine durchgespaltenen Klauen haben, haben sie euch als unrein zu gelten –

Hier irren die Bibelautoren. Hasen sind keine Wiederkäuer. Tatsächlich wurden sie in der Antike fälschlich für solche gehalten, da sie die eigenen Kotbällchen fressen. Gleichwohl irritiert, dass Hasen seit der Frühzeit gegessen wurden. Nach Ansicht einiger Bibelforscher haben die Ernährungstabus häufig nicht nur lebensmittelhygienische Ursachen, sondern stellen auch ein verbindendes soziales Element dar, mit dem sich bestimmte Gruppen gegen andere abgrenzen. Damit wollten sich die Israeliten von benachbarten Völkern abgrenzen. Möglicherweise ist die Aufnahme des (scheinbar) wie-

Feldhase

derkäuenden Hasen auch ein Weg, die alttestamentarische Klassifikation der Tiere einfach zu halten (unrein = aus der Ordnung fallend).

Obgleich Kaninchen im betreffenden Gebiet nicht vorkommen, werden sie zuweilen in der Bibel erwähnt. Auch in diesem Falle handelt es sich jedoch um Übertragungsfehler. Die „Kaninchen der Bibel" sind Syrische Klippschliefer *(Procavia capensis syriacus)*, kleine, kaninchengroße Vertreter einer eigenen Säugetierordnung (Hyracoidea – Schliefer) aus der Elefantenverwandtschaft.

Deutlich wird dies in der Übersetzung der folgenden Passage aus dem Buch der Sprüche. Noch 1946 lautete die Passage:

> SPRÜCHE 30:
> 26 Kaninchen – ein schwaches Volk; dennoch legt es sein Haus in den Felsen.

1965 wurde die gleiche Passage bereits anders übersetzt:

> SPRÜCHE 30
> 26 Die Klippdachse sind ein Volk ohne Stärke, und bauen doch in den Felsen ihre Behausung.

Die Bezeichnung Klippdachs ist eine alte Benennung für Schliefer, die vorwiegend in Südafrika verwendet wurde. Luther jedoch konnte das hebräische Wort *schaphan* („die sich in Spalten verbergenden“) nicht übersetzen. Das einzige Tier, das er kannte und ähnlich lebte, war das Kaninchen *(Oryctolagus cuniculus)*, welches spätestens im 16. Jahrhundert weit in Mitteleuropa verbreitet war.

Ähnliche Übersetzungsunterschiede gibt es bei den Psalmen.

Psalm 104

18 ... der Klippdachs ist geborgen im Felsgeklüft.

Auch hier hatte Luther mit „Kaninchen“ übersetzt. Tatsächlich gibt die Bibel an diesen Stellen auch sehr gut Auskunft über die Lebensweise der Schliefer. Sie sind hervorragend an felsige Landschaften angepasst, ziehen sich bei Beunruhigung tief in Felsspalten zurück und können hervorragend klettern.

Interessant ist der Hinweis, dass neugeborene Kaninchen von Mönchen des Mittelalters als Fastenspeise gegessen wurden. Sie wurden schlichtweg als nichtfleischlich deklariert. Eine Ausnahme vom biblischen Reinheitsgebot formulierte auch Conrad Gesner in seinem epochalen Thierbuch aus dem 17. Jahrhundert. Hasenfleisch sei aus medizinischen Gründen erlaubt.

Wildkaninchen

Haustiere

Besondere Bedeutung haben Haustiere für die Bibelvölker. Mit diesen lebten sie quasi zusammen und die Beziehung zwischen Mensch und Tier war insbesondere in alttestamentarischer Zeit noch viel intensiver, als dies in unserer Zeit vorstellbar ist. Im Gegensatz zu unserer heutigen Definition umfasste der Begriff seinerzeit nicht nur Nutztiere, die mit den Menschen in und am Haus lebten, sondern auch die sogenannte Begleitfauna, also Wildtiere, die sich gerne in der Nähe menschlicher Siedlungen aufhalten, wie zum Beispiel Mäuse, Ratten, Marder usw.

Es wird zwischen Kleinvieh (Schafe, Ziegen) und Großvieh (Rinder) unterschieden. Esel und Kamele werden von dieser Kategorisierung nicht erfasst, da sie nicht in Herden gehegt wurden, sondern als Transport-, Last- und Reittiere unmittelbar in das menschliche Geschehen eingebunden waren. Sie wurden weniger genutzt als instrumentalisiert.

Esel

Während Schaf, Ziege und Rind in erster Linie ihrer Produkte wegen gehalten wurden, gehören Esel zu den logistisch bedeutsamen Nutztieren der Bibel. Sie werden als Last- und Reittiere genutzt. Noch heute ist der Hausesel *(Equus asinus)* in weiten Teilen des Mittelmeerraumes ein wichtiges Tragtier.

1 CHRONIK 12
41 Die in ihrer Nähe waren ... brachten auch noch Brot auf Eseln, Kamelen, Maultieren und Rindern heran, ...

GENESIS 22
3 Abraham stand früh am andern Morgen auf, sattelte seinen Esel, nahm zwei Knechte mit sich und seinen Sohn Isaak. ...

RICHTER 10
4 Er [Jair] hatte dreißig Söhne, die dreißig junge Esel ritten, und sie besaßen dreißig Städte ...

Jedoch war das Reiten auf Eseln nur wenigen wohlhabenden Menschen gestattet beziehungsweise möglich. Weiße Esel, die vorwiegend im heutigen Syrien gezüchtet wurden, blieben dabei dem Adel vorbehalten.

RICHTER 5
3 Höret, Ihr Könige! ... 10 Die ihr reitet auf weißen Eselinnen, / ...

ZACHARIAS 9
9 ... Siehe, dein König kommt zu dir, gerecht und siegreich. Demütig ist er und reitet auf einem Esel, auf dem Füllen einer Eselin.

Dieses Privilegs ermächtigte sich auch Jesus bei seinem Einzug nach Jerusalem, sehr zum Ärger der Privilegierten. Die weiße Eselin ist Zeichen der moralischen Unbeflecktheit und des Sanftmutes, ein Bild, das noch verstärkt wird durch die Anwesenheit eines Fohlens. In Erinnerung an diese Symbolik und im Rückgriff auf die christliche Bedeutung entstand die Form des Barockesels, die heute nur noch in Mitteleuropa gezüchtet wird.

MATTHÄUS 21
1 Und als sie sich Jerusalem näherten ... da sandte Jesus zwei Jünger
2 und sprach zu ihnen: „Geht in das Dorf, das vor euch liegt, und

gleich werdet ihr eine Eselin angebunden finden und ein Füllen bei ihr. Bindet sie los und bringt sie mir. ... 5 ... Siehe, dein König kommt zu dir [Jerusalem], sanftmütig und reitend auf einer Eselin und auf einem Füllen, dem Jungen des Lasttieres." ... 7 Sie brachten die Eselin und das Füllen, legten ihre Mäntel darüber, und er setzte sich darauf.

Esel waren als Reittiere bereits im Alten Ägypten bekannt. Dort befand sich auch eines der Domestikationszentren des Hausesels. Nach allgemeinem Wissensstand stammt der Hausesel vom Nubischen Wildesel („Steppenesel") *(Equus asinus africanus)* ab, worauf bereits im Alten Testament hingewiesen wird.

HIOB 39
5 Wer gab dem wilden Esel seine Freiheit? / Wer löste los des Steppenesels Fessel? 6 Die Steppe wies ich ihm zur Heimat an, / erkor zu seinem Lagerplatz das Salzland. ... 8 Die Berge späht er aus nach seiner Weise, / und hinter jedem Grün spürt er noch her.

In der Reihe der „dienstbaren Geister" des Menschen nahm der Esel eine recht hohe Stellung ein.

GENESIS 12
16 ... Es wurden ihm [Abraham] Schafe und Rinder, Esel, Knechte und Mägde, Eselinnen und Kamele geschenkt.

In Analogie zur Bedeutung als Reittier der wohlhabenden Klasse, galt die Zahl der gehaltenen Esel auch als Symbol des Reichtums. Insbesondere Händler mit weitreichenden Geschäftsbeziehungen, im modernen Jargon „Großunternehmer", konnten (und mussten) sich eine große Zahl von Transporteseln leisten, um ihre Waren schnell in möglichst viele Regionen exportieren zu können. Dabei kamen Zähigkeit und Trittfestigkeit der Esel in unwegsamem Gelände den Ansprüchen entgegen.

EZRA 2
„64 Die ganze Gemeinde zusammen ... 65 ... Zu ihnen kamen ... 66 Ihre Pferde siebenhundertsechsunddreißig, ihre Maultiere zweihundertfünfundvierzig, 67 ihre Kamele vierhundertfünfunddreißig und ihre Esel sechstausendsiebenhundertzwanzig."

Als nicht wiederkäuende Unpaarhufer galten Esel als unrein und durften nicht gegessen werden.

Grauesel

LEVITICUS 11
2 ... Dies sind die Tiere, die ihr essen dürft von allen Vierfüßlern auf der
Erde: 3 Alles, was unter den Vierfüßlern gespaltene, und zwar durchgespaltene Klauen hat und wiederkäut, dürft ihr essen.

Das Buch Deuteronomium liefert sozusagen die Positivliste in Ergänzung zu den eher allgemeinen Formulierungen bei Leviticus.

DEUTERONOMIUM 14
4 Das sind die Tiere, welche ihr essen dürft: Rind, Schaf und
Ziege; 5 Hirsch, Gazelle und Damhirsch, Antilope, Wildochs und
Bergziege. 6 Überhaupt alle Tiere, welche gespaltene Klauen haben,
und zwar beide Klauen ganz durchgespalten , und zugleich zu den
Wiederkäuern gehören, die dürft ihr essen.

Sobald sie alt und schwach waren, hatten Esel ausgedient. Nach ihrem Tod wurden sie achtlos vor den Stadtmauern entsorgt.

JEREMIA 22
19 Ein Eselsbegräbnis wird ihm [König Jojakim] zuteilwerden, er wird
hinausgeschleift und weggeworfen, draußen vor den Toren Jerusalems.

So ist das „zufällige" Auffinden eines Eselknochens, der Samson zu einem siegreichen Kampf genügte, nicht als mystische Fügung, sondern als ganz natürlicher, naheliegender Fund zu erklären.

RICHTER 15
14 Als ... die Philister ihm mit Freudengeschrei entgegenliefen, da kam der
Geist Jahwes über Samson; ... 15 Und er fand einen frischen Eselskinn-
backen, streckte seine Hand aus, packte ihn und erschlug damit tausend
Mann. 16 Da sprach Samson: „Mit des Kleppers Backen konnte ich sie
hacken; mit des Esels Kinn schlug ich tausend hin." 17 Als er ausgere-
det hatte, warf er den Kinnbacken aus der Hand; ...

Während bereits im frühen Alten Testament immer wieder zu wohlwollendem Verhalten den Nutztieren gegenüber gemahnt wird,

EXODUS 23
12 Sechs Tage magst du deine Arbeit verrichten, am siebten Tag aber
sollst du feiern, damit auch dein Rind und dein Esel ausruhen ...

darf die Erzählung von Bileam und der Eselin als Geburt des Tierschutzgedankens im Alten Testament aufgefasst werden.

NUMERI 22
21 Bileam aber machte sich am Morgen auf, sattelte seine Eselin und
ging mit den moabitischen Häuptlingen.

Bileams Eselin
22 Da entbrannte der Zorn Jahwes darüber, dass jener dahinzog, und
der Engel Jahwes stellte sich ihm als Widersacher in den Weg, während
jener auf seiner Eselin dahinritt und von seinen beiden Dienern begleitet
war. 23 Als die Eselin den Engel Jahwes, das gezückte Schwert in der
Hand, auf dem Wege stehen sah, bog die Eselin vom Wege ab und ging
ins Feld hinein. Da schlug Bileam die Eselin, um sie wieder auf den Weg
zu lenken. 24 Hierauf stellte sich der Engel Jahwes in einen Hohlweg
zwischen den Weinbergen, wo auf beiden Seiten eine Mauer war. 25 Als
nun die Eselin den Engel Jahwes bemerkte, drängte sie sich an die Wand
und presste dabei den Fuß Bileams an die Wand. Da schlug er sie aber-
mals. 26 Alsdann ging der Engel Jahwes wiederum voraus und stellte
sich an eine enge Stelle, wo kein Raum war, um nach rechts oder links
auszubiegen. 27 Wie nun die Eselin den Engel Jahwes erblickte, legte sie
sich unter Bileam nieder. Da geriet Bileam in Zorn und er schlug die Eselin
mit dem Stock. 28 Nun aber öffnete Jahwe der Eselin den Mund, und
sie sprach zu Bileam: „Was habe ich dir getan, dass du mich nun schon
dreimal geschlagen hast?“ 29 Da sprach Bileam zur Eselin: „Weil du
deinen Mutwillen mit mir getrieben hast! Hätte ich doch nur ein Schwert
zur Hand, wahrhaftig, ich hätte dich jetzt umgebracht!“ 30 Die Eselin
entgegnete Bileam: „Bin ich denn nicht deine Eselin, auf der du von jeher
bis zum heutigen Tag geritten bist? Habe ich denn hierin gefehlt, dir zu
dienen?“ Er sagte: „Nein.“ 31 Nun öffnete Jahwe Bileam die Augen, so
dass er nun auch den Engel Jahwes, das gezückte Schwert in der Hand,
auf dem Wege stehen sah. Da verneigte der sich und warf sich ... nieder. 32 Der Engel Jahwes aber sprach zu ihm: „Warum hast du deine
Eselin nun schon dreimal geschlagen? Sieh, ich bin es doch, der ausge-
zogen ist als dein Widersacher, da dein Weg zum Sturz vor mich hin zu
werden verdiente. 33 Die Eselin hat mich bemerkt und ist schon dreimal vor mir ausgebogen. Wäre sie nicht vor mir ausgebogen, wahrhaftig,
dann hätte ich dich umgebracht, sie aber am Leben gelassen.“

Obgleich traditioneller Bestandteil der Krippenfiguren, so ist der Esel in der Weihnachtsgeschichte nicht zu finden. Ähnlich wie der Ochse wurde der Esel erst später, unter Bezugnahme auf die Prophezeiung des Jesaja, hinzugefügt.

Jesaja 1
„3 Das Rind kennt seinen Besitzer und der Esel die Krippe seines Herrn. Israel erkennt nicht, mein Volk hat keine Einsicht."

Einer der Ersten, der das Motiv in der sakralen Kunst aufgriff, war der italienische Maler Giotto (13. Jahrhundert). Ältere Darstellungen (z. B. ein Relief aus dem sechsten Jahrhundert in Byzanz) beziehen sich auf die Prophezeiung, nicht jedoch auf die Weihnachtsgeschichte.

Flusspferde

Während Flusspferde *(Hippopotamus amphibius)* heute nur noch vereinzelt in Teilen Afrikas südlich der Sahara vorkommen, lebten sie in historischer Zeit noch sowohl im Nildelta als auch im Jordantal in Palästina. Erst im 8. Jahrhundert v. Chr. sind sie in Palästina ausgestorben.

In der Bibel wird das Flusspferd „Behemot" genannt.

Hiob 40 Behemot
15 Sieh doch den Behemot! / Von Gräsern nährt er sich gleichwie ein
Rind. 16 Betrachte seine Kraft in seinen Lenden / und seine Stärke
in den Muskeln seines Bauches! 17 Er strafft wie eine Zeder seinen
Schwanz; / die Sehnen seiner Schenkel sind verflochten. ... 20 Versagt ist
das Gebiet der Berge ihm / und allen wilden Tieren, die dort spielen. 21 Er
lagert ruhig unter Lotossträuchern; / verborgen ist er in dem Schilf und
Sumpf. 22 Die Lotosbäume decken ihn mit Schatten zu, / und rings
umgeben ihn des Baches Pappeln. 23 Und drängt der Strom gewaltig,
bangt ihn nicht; / strömt in sein Maul der Jordan, bleibt er ruhig.

Diese Textpassage könnte aus einem Tierlexikon stammen, beschreibt sie doch sehr treffend das Flusspferd (aka Behemot) und seinen Lebensraum im Jordanfluss.

Zuweilen wird diskutiert, ob mit dem Behemot auch andere Großsäuger gemeint sein könnten, wie Elefanten oder Büffel. Die Beschreibung im Buch Hiob ist jedoch eindeutig und lässt keinen Zweifel zu. Insbesondere das Vorkommen am Jordan schließt die anderen Arten aus.

Flusspferd

Schweine

Schweine (zumindest Hausschweine, *Sus domesticus*) spielen in der Bibel nur eine untergeordnete Rolle. In Ägypten (im Nildelta) wurden domestizierte Schweine zum Dreschen gehalten. Daher waren sie den Israeliten wohl bekannt. In den Reinheitsgeboten gilt das Schwein jedoch als unrein:

LEVITICUS 11
4 Dagegen dürft ihr ... folgende nicht essen: ... 7 das Schwein, ..., es
ist für euch unrein. 8 Von ihrem Fleisch dürft ihr nicht essen und deren
Aas nicht berühren; sie sind für euch unrein.

DEUTERONOMIUM 14
7 Doch dürft ihr von den Wiederkäuern und Spalthufern folgende nicht
genießen: ... 8 ferner das Schwein – da es zwar gespaltene Klauen hat,
aber kein Wiederkäuer ist, hat es euch als unrein zu gelten –; ...

Husumer Protestschwein

Bis heute gilt das Fleisch von Schweinen als potentiell stark mit Parasiten belastet. Die Fleischbeschau ist nach wie vor auch in Mitteleuropa notwendig. Im warmen Mittelmeer- oder Halbwüstenklima ist die Infektionsgefahr noch größer, sodass dem Verzehrverbot der Charakter einer Vorsichtsmaßnahme aus lebensmittelhygienischen Gründen anhängt. Gleichwohl wurde Schweinefleisch auch in der Antike (zum Beispiel von den Römern) verzehrt.

Nach allgemeiner Einschätzung ist das Ausklammern von Schweinen aus der Verzehrliste des Alten Testamentes eher philosophisch zu interpretieren. „Rein" im Sinne des Alten Testamentes bedeutet „vollkommen". Da Schweine sich nicht eindeutig kategorisieren lassen (Nicht-Wiederkäuer, aber Spalthufer) stören sie die Ordnung des Alten Testaments und gelten als unvollkommen.

Beides mag bei der Interpretation eine Rolle spielen.

Eine der seltenen Erwähnungen von Schweinen in der Bibel ist das geflügelte Wort „Perlen vor die Säue werfen" im Matthäus-Evangelium.

Matthäus 7

6 Gebt das Heilige nicht den Hunden und werft eure Perlen nicht vor die Säue.

Es sollte verwundern, wieso in diesem Zusammenhang Schweine erwähnt werden. Es gab keinen Grund, Schweine zu halten. Offenbar liegt hier ein Übersetzungsfehler vor: Nicht *porcus* (Schwein, Sau), sondern *pecus* hieß es in der lateinischen Fassung des Evangeliums. Mit *pecus* jedoch wurde Kleinvieh, vor allem Schafe, bezeichnet. Damit ergibt die Redewendung auch im biblischen Kontext wieder einen Sinn und die luthersche Übersetzung wird als Fehler entlarvt.

Auch Wildschweine *(Sus scrofa)* werden nur peripher erwähnt.

Psalm 80

14 Der Eber des Waldes darf ihn verwüsten, ...

Kamele

Das klassische Kamel der Bibel ist das Dromedar oder Einhöckrige Kamel *(Camelus dromedarius)*. Das zentralasiatische Zweihöckrige Kamel oder Trampeltier *(Camelus ferus)* war in alttestamentarischer Zeit vermutlich noch nicht im Bibelland bekannt.

Es wird geschätzt, dass es rund 17 Millionen Kamele auf der Welt gibt (eines der häufigsten großen Nutztiere), darunter rund 15 Millionen Dromedare. Bereits im Alten Testament wird die Häufigkeit von Kamelen (Dromedaren) betont.

RICHTER 7: B. GIDEONS FELDZUG WESTLICH DES JORDANS
12 Midian, Amalek und alle Söhne des Ostens waren in das Tal eingefallen, so zahlreich wie Heuschrecken; zahllos waren ihre Kamele, wie der Sand am Ufer des Meeres.

Dromedar

In der Reihe der „dienstbaren Geister“ des Menschen nahmen Kamele eine vorrangige Stellung ein. Sie wurden sogar höher eingeschätzt als menschliche Arbeitskräfte („Knechte und Mägde“).

GENESIS 12
16 ... Es wurden ihm [Abraham] Schafe und Rinder, Esel, Knechte und Mägde, Eselinnen und Kamele geschenkt.

Vorrangig ist die Funktion als Lasttier. Als solches wird das Kamel auch fast ausschließlich erwähnt.

GENESIS 37
25 ... Als sie ihre Augen erhoben und ausschauten, sahen sie eine Karawane von Ismaelitern ... daherkommen. Ihre Kamele waren mit Gummi, Balsam und Ladanum beladen. Sie waren damit auf dem Wege, es nach Ägypten zu bringen.

1 KÖNIGE 10
2 Sie [die Königin von Saba] kam also nach Jerusalem mit sehr großem Gefolge, mit Kamelen, die Spezereien und eine große Menge Gold und Edelstein trugen.

Sie haben sich vor allem als Lasttiere in sehr trockenen Regionen etabliert. Ausdauer und Zähigkeit und die größenbedingt vorhandene Kraft machten sie für den Handel in diesen Gegenden unentbehrlich. Vermutlich war die Domestikation von Dromedaren, die um 4.000 vor Christus in Arabien stattfand, der entscheidende Motor für die blühende Wirtschaftskraft Arabiens in der Antike. Daher stammt auch die allgemeine Bezeichnung der gesamten Artengruppe: *Dschamal* ist das arabische Wort für Lastkamel.

In Ägypten ist das Dromedar als Nutztier seit ungefähr 2.500 vor Christus bekannt. Weiter nördlich (Levante) wurde es erst um 1.000 vor Christus eingeführt.

Da Kamele das wichtigste Transportmittel der Kaufleute waren (sozusagen die Trucks der Antike), war die Zahl der Kamele, die ein Kaufmann besaß, zugleich Ausdruck seines Wohlstandes.

HIOB 1
3 Sein Besitz umfasste siebentausend Stück Kleinvieh, dreitausend Kamele, fünfhundert Joch Ochsen, fünfhundert Eselinnen und ein zahlreiches Hausgesinde. So war der Mann mächtiger als alle Söhne des Ostens.

Der Verzehr von Kamelen ist explizit verboten:

LEVITICUS 11
4 Dagegen dürft ihr von den Wiederkäuern und von den Spalthufern folgende nicht essen: das Kamel, denn es ist zwar ein Wiederkäuer, hat aber keine durchgespaltenen Klauen, es ist für euch unrein.

DEUTERONOMIUM 14
7 Doch dürft ihr von den Wiederkäuern und Spalthufern folgende nicht genießen: Kamel, ...

Das Verzehrverbot steht möglicherweise in Zusammenhang mit dem hohen Wert der Tiere. Außerdem ist das Fleisch sehr sehnig und trocken.

Besonderer Aufwand war bei der Versorgung der Kamele notwendig. Entgegen landläufiger Meinung, wonach Kamele nur wenig zu trinken brauchen, ist das Gegenteil der Fall. Ein Dromedar kann beispielsweise bis zu 150 l Wasser am Tag trinken. In den Trockenregionen stellt die Wasserversorgung für Mensch und Tier ein nicht unerhebliches Problem dar.

In der alttestamentarischen Geschichte von Rebekka wird der Fleiß (und damit die Heiratsfähigkeit) des Mädchens Rebekka symbolisch durch die Selbstverständlichkeit symbolisiert, mit der es die Mammutaufgabe des Tränkens der zehn Kamele übernahm.

Zweihöckriges Kamel oder Trampeltier

GENESIS 24
10 Hierauf nahm der Knecht zehn Kamele von den Kamelen seines Herrn
und führte bei sich allerlei Kostbarkeiten seines Herrn. ... 11 Er ließ
die Kamele außerhalb der Stadt an einem Brunnen lagern. ... 12 Und
er sprach: „... 13 Siehe, ich stehe an der Quelle, und die Töchter der
Leute aus der Stadt kommen heraus, um Wasser zu schöpfen. 14 Wenn
das Mädchen, zu dem ich sage: „Neige deinen Krug, damit ich trinke!“,
spricht: „Trinke, und auch deine Kamele will ich tränken!“, so hast du
es für deinen Knecht Isaak bestimmt; ... 15 ... da kam Rebekka heraus,
... 14 Da lief der Knecht auf sie zu und sprach: „Lass mich ein wenig
Wasser aus deinem Krug trinken!“ 18 Sie erwiderte: „Trinke, mein Herr!“
... 19 Als sie ihn hatte sich satt trinken lassen, sprach sie: „Auch deinen
Kamelen will ich schöpfen, bis sie sich satt getrunken haben.“ 20 ... So
schöpfte sie für alle seine Kamele.

Die bekannteste Erwähnung von Kamelen in der Bibel ist das Gleichnis vom Kamel und dem Nadelöhr.

Das Kamel und das Nadelöhr

MATTHÄUS 19
23 Jesus aber sprach zu seinen Jüngern: „Wahrlich, ich sage euch, ein
Reicher wird schwer in das Himmelreich gelangen. 24 Ja, ich sage euch
noch einmal: Leichter kommt ein Kamel durch ein Nadelöhr hindurch als
ein Reicher in das Reich Gottes hinein.“ ...

Hintergrund ist die allen Kamelhaltern durchaus bekannte Eigenheit von Kamelen, die als Bewohner offener Landschaften (und aufgrund ihrer Größe darin) nichts kennen, was größer ist als sie oder was sich über ihnen befindet. Daher zeigen sie beim Betreten geschlossener Räume (Ställe) eine natürliche Scheu.

Eine andere Deutung ist, dass Kamele, ähnlich wie Esel, nicht mit in die Städte geführt wurden und einem modernen „Park and Ride“-System nicht unähnlich außerhalb der Stadtmauern verblieben. Dies gilt insbesondere bei großen Städten, wie beispielsweise Jerusalem, dessen südliches Haupttor als Nadelöhr galt, weil von dort die meisten Handelskarawanen in die Stadt strömten. Bereits aus verkehrstechnischen Gründen machte es wenig Sinn, die großen Tiere mit in die Stadt mit ihren schmalen und engen Gassen zu nehmen.

Schafe und Ziegen

Zu den wichtigsten Haus- und Nutztieren des Alten Testaments zählen Schafe *(Ovis aries)* und Ziegen *(Capra hircus)*. Die Völker des Alten Testaments waren meist Hirtenvölker – Schafe und Ziegen waren die Lebensgrundlage. Die einzelnen Stämme hielten so viele Tiere, wie sie benötigten und so viele sie aufgrund der kargen Umgebung halten konnten. Schafe wurden überwiegend in den tiefer gelegenen Regionen gehalten, Ziegen ersetzten die Schafe in den weniger zugänglichen Arealen. Beide Arten nehmen in den Texten der Bibel einen großen Raum ein, wobei dem Schaf die größere Bedeutung zugemessen wird.

Das Schaf ist auch das erste Haustier, welches namentlich in der Bibel erwähnt wird.

GENESIS 4
2 … Abel wurde ein Schafhirt, …

Diese frühe Erwähnung unterstreicht nicht nur die Bedeutung als Lebensgrundlage. Sie ist auch symbolischer Ausdruck der frühen Domestikation von Hausschafen aus dem Argali *(Ovis ammon)* vor mehr als 10.000 Jahren. Damit gehört das Schaf zu den ältesten Nutztieren des Menschen. Nur die Ziege wurde ein wenig früher domestiziert.

Man kannte sogar bereits verschiedene Farbformen.

GENESIS 30
32 Ich will heute durch all dein Kleinvieh gehen. Sondre jedes dunkle Tier unter den Lämmern und jede gefleckte und gesprenkelte Ziege davon aus; …

Diese Farbenvielfalt wird als Zeichen der lange zuvor stattgefundenen Domestikation gedeutet. Bereits im vierten Jahrtausend vor Christus sind unterschiedliche Farbschläge bei Ziegen in Oberägypten bekannt gewesen.

Hauptnutzen von Ziege und Schaf war die Fleischgewinnung und damit die Ernährung der Menschen.

DEUTERONOMIUM 14
4 „Das sind die Tiere, welche ihr essen dürft: Rind, Schaf und Ziege;“

Schaf und Ziege gehören zu den sogenannten Vielnutzungsrassen. Im Gegensatz zu modernen hochgezüchteten Nutztieren, die meist auf ein „Produkt" spezialisiert wurden, lieferten Vielnutzungsrassen mehrere nützliche Dinge des täglichen Lebens. Sowohl Ziegen als auch Schafe wurden bereits in alttestamentarischer Zeit vielseitig genutzt, wie in zahllosen Bibelstellen nachzulesen ist:

EXODUS 26
7 Dann stelle Teppiche aus Ziegenhaar zu einem Zelt über der Wohnung her. ...

EZECHIEL 34
3 Von der Milch habt ihr euch genährt, mit der Wolle euch gekleidet, die fetten Tiere geschlachtet ...

Eine besondere Rolle nehmen beide Arten als Opfertiere ein. Das Alte Testament gibt sogar sehr detaillierte Anleitungen zum Schlachten.

Zwergziegen

Genesis 15
9 Da befahl er [Jahwe] ihm: „Bringe mir eine dreijährige Kuh, eine dreijährige Ziege und einen dreijährigen Widder, eine Turteltaube und eine junge Taube!"

Genesis 22
13 Als Abraham seine Augen erhob, sah er einen Widder, der sich mit seinen Hörnern im Dickicht verfangen hatte. Abraham ging hin, nahm den Widder und brachte ihn an Stelle seines Sohnes zum Brandopfer dar.

Leviticus 3: Das Gemeinschaftsopfer
7 Will er ein Schaf als Opfergabe darbringen, so bringe er es vor
Jahwe. 8 Dann lege er seine Hand auf den Kopf des Opfers und schlachte
es vor dem Offenbarungszelt. Die Söhne Aarons aber sollen das Blut
ringsum an den Altar sprengen. 9 Darauf bringe er von dem Gemeinschaftsopfer als Feueropfer für Jahwe dessen Fett dar, den ganzen Fett-
schwanz – dicht am Schwanzbein soll er ihn ablösen –, ferner das Fett,
das die Eingeweide bedeckt samt allem Fett an den Eingeweiden, 10 die
beiden Nieren nebst dem Fett an ihnen, an den Lenden und den Leberlappen; bei den Nieren löse er es ab.

Leviticus 3
12 Soll eine Ziege seine Opfergabe sein, so bringe er sie vor Jahwe. 13 Dann
lege er seine Hand auf ihren Kopf und schlachte sie vor dem Offenbarungszelt. Die Söhne Aarons aber sollen ihr Blut ringsum an den Altar
sprengen. 14 Darauf bringe er von ihr seine Feueropfergabe für Jahwe
dar: das Fett, das die Eingeweide bedeckt samt allem Fett an den Eingeweiden, 15 ferner die beiden Nieren nebst dem Fett an ihnen, an den
Lenden und den Leberlappen; ... 17 ... Fett und Blut dürft ihr auf keinen Fall genießen.

Leviticus 22
27 ... ein Schaf ... soll nach seiner Geburt sieben Tage bei seiner Mutter sein. Vom achten Tage an und später wird es für eine Opfergabe, für ein Feueropfer Jahwe wohlgefällig sein.

Aus der Anleitung zum Opfern wird ersichtlich, dass nicht das ganze Tier, sondern nur Teile davon (in der Regel die weniger genießbaren Teile) geopfert wurden. Das Fleisch durfte verzehrt werden. Auch aus Gründen der Nachhaltigkeit wurden die Tiere nur zu besonderen Anlässen geschlachtet. Daher galt Fleisch als besondere Festspeise.

Ziegenbock

Eine besondere Form des Opfers ist das Sündenopfer.

Leviticus 4
28 und wenn ihm seine Verfehlung, deren er sich schuldig gemacht hat, bekannt wird, dann bringe er eine fehlerlose Ziege als seine Opfergabe dar.

Leviticus 16
5 Von der Gemeinde der Israeliten aber soll er sich zwei Ziegenböcke zum Sündopfer und einen Widder zum Brandopfer geben lassen.

Leviticus 16
21 Aaron soll seine beiden Hände auf den Kopf des lebenden Bockes legen und über ihm alle Verschuldungen der Israeliten und alle Übertretungen, die sie irgend begangen haben, bekennen, sie auf den Kopf des Bockes übertragen ...

Bis in unsere Zeit hinein hat sich das geflügelte Wort vom „Sündenbock“ erhalten, obgleich die Sinnhaftigkeit des Sündopfers bereits im Neuen Testament negiert wird:

HEBRÄERBRIEF 10
4 Es ist ja unmöglich, dass ... Bocksblut Sünden wegnimmt.

Eine herausragende Bedeutung hat das Schaf, beziehungsweise das Lamm als dessen Jungform, im Neuen Testament erhalten. Dort wird Jesus Christus selbst als „Lamm Gottes“ bezeichnet.

JOHANNES 1
29 ... Siehe, das Lamm Gottes, das die Sünde der Welt wegnimmt....

Das Bild vom „Lamm Gottes“ in seiner ganzen Bedeutung festigt sich erst in der Johannes-Offenbarung.

OFFENBARUNG 5
6 Und ich sah inmitten des Thrones ... ein Lamm stehen, wie geschlachtet; ...

(außerdem in den folgenden Kapiteln und Versen (Offenbarung 5 bis 22), in denen Gott die Geschicke der Welt auf das Lamm (= seinen Sohn) überträgt.)

In Analogie zum Bild von Jesus als Lamm wird Gott als „Guter Hirte“ bezeichnet und noch heute werden Kirchgänger beziehungsweise die Angehörigen einer Pfarrei als „Schäfchen“ bezeichnet.

PSALM 95
7 Denn er ist unser Gott, und wir sind das Volk seiner Weide, die Herde an seiner Hand

Entsprechend erteilte Jesus dem Evangelium zufolge Petrus den Nachfolgeauftrag mit den Worten:

JOHANNES 21
17 ... Jesus sagte zu ihm [Petrus]: „Weide meine Schafe.“

Die große Bedeutung des Kleinviehs als Lebensgrundlage der Menschen wird an vielen Stellen in der Bibel deutlich. Besonders markant: das Gleichnis vom verlorenen Schaf.

Das Gleichnis vom verlorenen Schaf

Lukas 15
4 „Wer von euch, der hundert Schafe hat und eines von ihnen verliert,
lässt nicht die neunundneunzig in der Wüste und geht dem verlorenen
nach, bis er es findet? 5 Und wenn er es gefunden hat, legt er es voller
Freude auf seine Schultern; 6 und wenn er nach Hause kommt, ruft er
seine Freunde und Nachbarn zusammen und sagt zu ihnen: ‚Freut euch mit
mir, denn ich habe mein Schaf gefunden, das verloren war.' 7 ... so wird
im Himmel mehr Freude sein über einen einzigen Sünder, der umkehrt,
als über neunundneunzig Gerechte ..."

Diese wertvolle Lebensgrundlage gilt es schlimmstenfalls mit dem eigenen Leben zu verteidigen.

Johannes 10
11 Ich bin der gute Hirt. Der gute Hirt gibt sein Leben für die Schafe.

Ganz selten werden auch Wildformen der beiden Arten erwähnt, so zum Beispiel im Psalm:

Psalm 104
18 Dem Steinbock gehören die Höhen der Berge, ...

Es darf jedoch als sicher gelten, dass der hier vorkommende Nubische Steinbock *(Capra nubiana)* nicht die Stammform der Hausziege ist, sondern die Bezoarziege *(Capra hircus aegagrus)*, die nicht in Israel vorkommt.

Skudde, eines der ältesten Hausschafe

Hausrinder

Neben dem Kleinvieh wurde auch Großvieh gehalten – Rinder. Das Hausrind *(Bos taurus)* stammt vom bereits ausgestorbenen Auerochsen *(Bos primigenius)* ab, der in verschiedenen Teilen seines Verbreitungsgebietes domestiziert wurde. Die biblischen Rinder stammen von der asiatischen Zuchtform, den Buckelrindern oder Zebus ab, die bereits im Alten Ägypten gehalten wurden.

Nur in vegetationsreichen Regionen konnte erfolgreich Rinderzucht betrieben werden. Seinerzeit war das Niltal noch eine fruchtbare Ebene, die hervorragende Rahmenbedingungen für die Haltung und Zucht von Rindern bot. In den übrigen Regionen des Bibellandes war die Haltung auf einige wenige Bereiche beschränkt, zum Beispiel die Region Baschan im heutigen Syrien.

PSALM 22
13 Es umringen mich mächtige Stiere, / Büffel von Baschan schließen mich ein.

AMOS 4
1 Höret dieses Wort, ihr Baschanskühe ...

Aufgrund der mit den Rahmenbedingungen verbundenen aufwendigeren Haltung genossen Rinder eine besondere Bedeutung.

EXODUS 10
26 Aber auch unser Vieh muss mit uns ziehen; nicht eine Klaue darf zurückbleiben.

Entsprechend symbolisieren Rinder Reichtum und Zivilisation.

1 KÖNIGE 8
63 und zwar opferte Salomo als Gemeinschaftsopfer, das er Jahwe darbrachte, zweiundzwanzigtausend Rinder ...

Dies gilt besonders, wenn die Rinder gut genährt und keine Kümmerlinge sind. So erklärt sich auch die Symbolik im Traume des Pharaos, in dem die sieben Rinder Symbol von Wohlstand oder Armut sind:

GENESIS 41
17 Darauf sprach der Pharao zu Joseph: „In meinem Traum stand ich am
Ufer des Nils. 18 Da stiegen aus dem Nil sieben Kühe herauf, wohlge-

nährt und von schönem Aussehen, und weideten im Riedgras. 19 Dann
sah ich nach ihnen sieben andere Kühe heraufsteigen, elend, ganz hässlich und mager. Ich habe in ganz Ägypten keine gesehen, die so hässlich waren wie diese. 20 Die mageren und hässlichen Kühe fraßen
die sieben ersten, die fetten Kühe auf. 21 Aber als sie in den Magen
gekommen waren, merkte man doch nichts, dass sie in den Magen
gekommen waren, sondern ihr Aussehen blieb hässlich wie zuvor. Da
erwachte ich. 22 Dann sah ich in meinem Traum: da wuchsen sieben
Ähren an einem Halm empor, voll und schön. 23 Doch nach ihnen
schossen sieben Ähren auf, taub, dürr und vom Ostwind versengt.
..." 25 Da sprach Joseph zu dem Pharao: „... 26 Die sieben schönen
Kühe bedeuten sieben Jahre, ebenso bedeuten die sieben guten Ähren
sieben Jahre. ... 27 Auch die sieben mageren und hässlichen Kühe ...
bedeuten sieben Jahre, und die sieben dürren ... Ähren bedeuten sieben Hungerjahre."

Neben seiner Bedeutung als Opfertier wurde das Rind vielfältig genutzt. Als reines Tier durfte es geschlachtet und verzehrt werden.

LEVITICUS 11

2 ... Dies sind die Tiere, die ihr essen dürft von allen Vierfüßlern auf der Erde: 3 Alles, was unter den Vierfüßlern gespaltene, und zwar durchgespaltene Klauen hat und wiederkäut, dürft ihr essen.

Zebuherde

Ähnlich wie Schaf und Ziege ist das Rind ein Vielnutzungstier. Besonders als Arbeitstier in der Landwirtschaft waren Rinder unverzichtbar.

1 SAMUEL 6
7 So lasst denn jetzt einen neuen Wagen herstellen und nehmt zwei frischmelkende Kühe, auf die noch nie ein Joch gekommen ist. Spannt dann die Kühe an den Wagen und bringt ihre Kälber von ihnen fort in den Stall.

AMOS 6
12 ... pflügt man mit den Rindern ...

SPRÜCHE 14
4 Ohne Ochsen (hat man zwar) eine saubere Krippe, / doch reichen Ertrag nur mittels des Stieres Kraft.

1 CHRONIK 12
41 Die in ihrer Nähe waren ... brachten auch noch Brot auf Eseln, Kamelen, Maultieren und Rindern heran, ...

Zu jener Zeit wurde auch die Milch der Kühe bereits genutzt.

Der Wert eines Rindes als Arbeitskraft war unschätzbar. Gleichwohl erkannte man früh, dass Rinder (ebenso wenig wie Esel) keine Maschinen waren, sondern Lebewesen, die wie ein Mensch eine Zeit der Regeneration benötigten. Diese Notwendigkeit führte zu Tierschutzgedanken bereits im Alten Testament. Es wurden Regeln erlassen, die dem Wohl des Tieres dienten (mit dem kommerziellen Hintergedanken, sich die Arbeitskraft desselben möglichst lange zu erhalten).

LEVITICUS 22
27 „Ein Rind oder ein Schaf oder ein Zicklein soll nach seiner Geburt sieben Tage bei seiner Mutter sein. Vom achten Tage an und später wird es für eine Opfergabe ... wohlgefällig sein.

EXODUS 23
12 Sechs Tage magst du deine Arbeit verrichten, am siebten Tag aber sollst du feiern, damit auch dein Rind und dein Esel ausruhen ...

DEUTERONOMIUM 22
4 Du darfst nicht zusehen, wie der Esel oder das Rind deines Volksgenossen zusammenbricht, ..., du sollst sie ihm aufrichten helfen.

DEUTERONOMIUM 25
4 Du sollst einem Ochsen, wenn er drischt, das Maul nicht zubinden.

Eines der berühmtesten Motive sakraler Kunst ist die Darstellung von Ochse und Esel an der Krippe in Bethlehems Stall bei Christi Geburt. In den Evangelien wird jedoch in keinem Falle eine entsprechende Szenerie erwähnt. Dennoch hat sich dieses Bild seit dem Mittelalter weltweit eingebürgert. Auch bei den weihnachtlichen Krippenfiguren gehören Ochse und Esel zur Standardausrüstung.

Nach aktuellem Wissensstand handelte es sich nicht um einen Stall im wörtlichen Sinne. Da die Übernachtung höchstwahrscheinlich in einem Stadthaus, und aufgrund des Standes von Josef als Abkömmling einer Königslinie in einem durchaus akzeptablen Quartier, stattfand, ist es eher wahrscheinlich, dass die Tiere, wie damals üblich, unter dem Haus untergebracht waren (die produzierte Tierwärme diente zugleich dem Erwärmen der Wohnbereiche darüber).

Das gleichnishafte Bild von Rind und Esel an der Krippe des Herrn findet sich an anderer Stelle in der Bibel, jedoch ohne direkten Bezug zur Weihnachtsgeschichte.

JESAJA 1
3 Das Rind kennt seinen Besitzer und der Esel die Krippe seines Herrn.
Israel erkennt nicht, mein Volk hat keine Einsicht.“

In der Bibel (und damit auch in der Sakralkunst) ist der Ochse häufig an Stelle des Stieres zu finden. Damit sollte eine deutliche Trennung vom heidnischen Mithras-Kult vollzogen werden.

Hirsche

Die Bezeichnung Hirsch ist doppeldeutig und sorgt immer wieder für Verwirrung. Einerseits bezeichnet man als Hirsch Tierarten, die zur Paarhufer-Familie der Hirsche *(Cervidae)* zählen, andererseits bezeichnet man das männliche Tier der jeweiligen Art ebenfalls als Hirsch. Die wissenschaftliche Bezeichnung *cervus* lässt sich vom indogermanischen *kerud* („Geweihtragender") ableiten. Folgerichtig werden die *Cervidae* gelegentlich als Geweihträger benannt. Weibliche Hirsche werden als Hirschkuh oder mit der alten Bezeichnung Hindin benannt. In der deutschen Fassung der Bibel wird konsequent zwischen dem Hirsch als männlichem Tier und der Hindin als weiblichem Tier unterschieden.

Männlichen Hirsche gelten als Symbol kräftiger Männlichkeit, die Hirschkühe als Symbol weiblicher Lieblichkeit. Hierfür gibt es zahlreiche Beispiele:

Hohes Lied 2
9 Mein Geliebter gleicht ... dem Junghirsch ... 17 ... Gleiche du, mein Geliebter, ... dem Junghirsch ...

Genesis 49
21 Naphtali ist wie eine flüchtige Hindin, die liebliche Hirschkälber gibt.

Sprüche 5
18 ...; freu dich der Frau deiner Jugend: die liebliche Hindin ...

Hohes Lied 2
7 Ich beschwöre euch, Jerusalems Töchter, bei den ... Hindinnen der Flur: ...

Die Hirsche der Bibel lassen sich nicht eindeutig auf dem Artniveau zuordnen. Zwei Arten kommen in Frage: der Maral *(Cervus elaphus maral)* und der Mesopotamische Damhirsch *(Dama dama mesopotamica)*. Letzterer wurde inzwischen wieder angesiedelt, der Maral ist in Israel längst ausgestorben.

Als ursprüngliche Waldbewohner scheuen Hirsche die offenen Landschaften. Zum Trinken jedoch mussten sie Wasserstellen aufsuchen. Dort wurden sie auch meistens angetroffen.

Psalm 42
2 Wie die Hinde verlangt nach dem Wasser der Quelle, so verlangt, o Gott, meine Seele nach dir.

Rothirsch

Bezweifelt werden muss das Vorkommen des Rehs *(Capreolus capreolus)*. Zwar gehörten auch die spärlichen Wälder des östlichen Mittelmeerraums zu dessen Verbreitungsgebiet. Doch dürfte in fast allen Fällen, in denen bei der deutschen Bibelübersetzung von „Reh“ die Rede ist, eine Gazelle gemeint sein. Hierbei handelt es sich um eine Begriffsverwirrung. Im lateinischen Text ist von *„dorcas“* die Rede. Tatsächlich wurde *dorcas* mit „Reh“ übersetzt. Der Begriff stammt ursprünglich aus dem Griechischen und wird dort mit „Gazelle“ übersetzt. Bei der wissenschaftlichen Erfassung der mitteleuropäischen Tierwelt, die im frühen Mittelalter begann, bediente man sich der Bezeichnungen aus der Antike, da Texte seinerzeit in Latein oder Griechisch abgefasst wurden. Aufgrund der äußerlichen Ähnlichkeit von Rehen und Gazellen als grazile Huftiere mit „Hörnern“ (wobei die „Hörner“ beim Reh ein kümmerliches Geweih sind) verwendete man in Ermangelung eines Adäquats die Bezeichnung *dorcas* zur Benennung von Rehen. Noch in Conrad Gesners berühmtem „Thierbuch“ von 1669 werden Rehe und Gazellen zu einer Gruppe zusammengefasst und deutlich von den Hirschen unterschieden.

Bei der Übersetzung von Bibeltexten übersetzte Luther den Begriff *dorcas* folgerichtig mit Reh, weil er die Gazellen schlichtweg nicht kannte. Gemeint jedoch sind Gazellen, die bereits in der Frühzeit insbesondere in Ägypten und im Bibelland als Tiere der offenen Landschaften wohl bekannt waren. Namentlich die Dorkasgazelle *(Gazella dorcas)* zog damals noch in großen Herden durch die trockenen Landschaften.

Der Vergleich eines Textzitates aus dem Hohen Lied in der deutschen und der niederländischen Übersetzung verdeutlicht die Verwirrung:

HOHES LIED 2

7 Ich beschwöre euch, Jerusalems Töchter, bei den Gazellen [niederl.: Rehen] oder den Hindinnen der Flur …

Eine besondere Bedeutung kommt dem männlichen Hirsch als Christussymbol zu. Da die antike Bezeichnung *cervus* dem lateinischen Wort *servus* (Diener) lautmäßig stark ähnelt und Jesus Christus gerne als Diener Gottes benannt wird, lag diese Deutung nahe. Übrigens wurden im Mittelalter sakrale Bücher aus dem gleichen Grund bevorzugt in Hirschleder eingebunden.

Wanderheuschrecken

Riesige Schwärme von Wanderheuschrecken gehören auch heutzutage noch zu den großen Naturkatastrophen in manchen Regionen. Besonders betroffen sind die Regionen nördlich und südlich der Sahara, nebst deren Ausläufern bis nach Mesopotamien. Besonders große Schwärme bilden die Afrikanische Wanderheuschrecke *(Locusta migratoria)* und die Wüstenheuschrecke *(Schistocerca gregaria)*. Bereits als (nichtflugfähige) Larven entwickeln die jungen Heuschrecken einen großen Appetit und fressen in der nahen Umgebung alles kahl, was grün und frisch ist. Besondere Leckerbissen sind Gräser – und damit auch die gängigen Getreidearten (z. B. Weizen). Die Felder werden bereits geplündert, bevor das Getreide ausgereift ist. Die Tiere vernichten damit die Lebensgrundlage ganzer Stämme. Nach der Verwandlung zur Imago (zum erwachsenen Tier) erlangen die Heuschrecken ihre Flugfähigkeit. Dadurch ist es ihnen möglich, in einem immer größeren Radius um ihr Brutgebiet auszuschwärmen und auch dort die Ernte zu vernichten. Da Wanderheuschrecken ausdauernde und sehr gute Flieger sind, verbreiten die Schwärme sich rasch über mehr als 50 Kilometer.

Dem Treiben der Insekten steht der Mensch hilflos gegenüber. Anders als die großen Beutegreifer, wie Löwe, Leopard und Bär, ist das Tun der Heuschrecken nicht nur gefährlich für ein Individuum. Vielmehr verursachen die Heuschreckenschwärme einen enormen gesamtwirtschaftlichen Schaden, der zu lebensbedrohlichen Hungersnöten führen kann.

Heuschreckenschwarm

Heuschrecke

Kein Wunder also, dass in der Bibel mehrfach auf die katastrophalen Resultate der Heuschreckenwanderung Bezug genommen wird.

EXODUS 10
12 Nun sprach Jahwe zu Mose: „Strecke deine Hand über Ägypten aus,
damit die Heuschrecken über Ägypten kommen und alles Kraut auf
dem Felde fressen ... 13 ... Als der Morgen kam, hatte der Ostwind die
Heuschrecken herbeigetragen. 14 Die Heuschrecken fielen über ganz
Ägypten her und ließen sich in ungeheuren Mengen im ganzen ägyptischen Gebiet nieder. Nie zuvor gab es so viele Heuschrecken, noch wird
es künftig so viele geben. 15 Sie bedeckten die Oberfläche des ganzen
Landes, das davon verdunkelt wurde, und fraßen alle Feldgewächse und alle Baumfrüchte, ... so dass in ganz Ägypten nichts Grünes an den Bäumen und kein Kraut auf dem Felde übrigblieb. 16 Da ließ der Pharao
eilends Mose und Aaron herbeirufen und sagte: „Ich habe gefehlt gegen
euch. ... 19 Jahwe ließ einen starken Westwind wehen. Dieser nahm die
Heuschrecken mit und trieb sie in das Schilfmeer. Es blieb keine einzige Heuschrecke im ganzen Gebiet Ägyptens übrig.

Der Bericht aus dem Buch Exodus wirkt wie eine Tatsachenreportage und der Ablauf des Einfalles von Heuschreckenschwärmen auf einen bestimmten Landstrich hat sich bis heute nicht geändert.

Eine weitere drastische Schilderung findet sich im Buch Joel.

JOEL 1 I. DIE HEUSCHRECKENPLAGE
4 Was der Schäler übrigließ, das fraß die Heuschrecke, was die Heuschrecke übrigließ, das fraß der Springer, was der Springer übrigließ, das fraß

der Grasfresser. ... 6 Denn ein Volk ist eingefallen in mein Land, stark
und ungezählt. Seine Zähne sind wie Zähne eines Löwen, ein Gebiss hat
es wie eine Löwin. 7 Meinen Weinstock hat es verwüstet, meinen Fei-
genbaum hat es vernichtet. Es hat ihn abgeschält und zu Boden geworfen; weiß wurden seine Ranken. ... 10 Verwüstet ist das Feld, es trauert
der Acker, denn vernichtet ist das Korn, ... 11 Seid bestürzt, ihr Bauern,
wehklagt, ihr Winzer, um Weizen und Gerste, denn die Ernte des Feldes ist
dahin. 16 Ist nicht vor unseren Augen die Speise genommen, ... 18 Wie
schreit doch das Vieh, und sind verstört die Rinderherden, weil sie keine
Weide haben, ...

Zuweilen wird der Einfall eines Heuschreckenschwarmes mit der Invasion einer feindlichen Armee verglichen. Der Schrecken und die Folgen für das überfallene Volk sind in beiden Fällen vergleichbar.

Joel 2:

2 Ein Tag ist's der Finsternis und des Dunkels, ein Tag der Wolken und
Wetter. Wie Morgenrot breitet sich auf den Bergen ein Volk, groß und
stark, wie es vordem keines gegeben hat und nachdem keines mehr geben
wird bis zu den fernsten Geschlechtern. 3 ... Wie ein Garten Eden war
das Land, ehe es kam, wie eine öde Wüste war es, als es ging; vor ihm
gibt es kein Entrinnen. 4 Sie sehen aus wie Pferde, wie schnelle Rosse
jagen sie dahin. 5 Rasselnd wie Kriegswagen hüpfen sie über die Gipfel
der Berge, prasselnd wie Feuerflammen, die Stoppeln verzehren, wie ein
mächtiges Volk, das zum Kampfe gerüstet ist. 6 Vor ihm erbeben die
Völker, ... 7 Gleich Helden stürzen sie heran, gleich Kriegern stürmen sie
die Mauer. Ein jeder geht seinen Weg, keiner verlässt seinen Pfad. 8 Keiner stößt seinen Nebenmann, ein jeder zieht seine Bahn. Zwischen den
Geschossen hindurch stürzen sie vor und halten nicht ein. 9 Sie stürmen
die Stadt, erklettern die Mauer und dringen ein in die Häuser, durch die
Fenster steigen sie ein wie Diebe.

Die zerstörerische Macht von Heuschrecken findet sich fast folgerichtig auch in der Offenbarung wieder.

Offenbarung 9:

3 Und aus dem Rauch gingen Heuschrecken hervor auf die Erde, und es
ward ihnen eine Macht gegeben ... 4 Und es wurde ihnen gesagt, sie
sollten das Gras der Erde nicht schädigen, auch gar kein Grün und gar keinen Baum, sondern nur die Menschen, die nicht das Siegel Gottes auf den
Stirnen tragen. ... 7 Und das Aussehen der Heuschrecken glich Rossen ...

Eine bemerkenswerte Ausnahme bilden Heuschrecken unter den Insekten, wenn es um die Definition von rein und unrein geht:

LEVITICUS 11
20 Alle kleinen geflügelten Tiere, die auf vieren gehen, seien euch ein
Gräuel. 21 Ihr dürft von allen kleinen geflügelten Tieren, die auf vieren
gehen, nur die essen, die oberhalb ihrer Füße Schenkel haben, um damit
auf der Erde zu springen. 22 Von diesen dürft ihr folgende essen: alle
Arten der Zugheuschrecke ...

Die explizite Ausnahme der Heuschrecke erwähnt nur Leviticus. Im Buch Deuteronomium wird dies nicht aufgeführt.

Im Neuen Testament wird die Heuschrecke als Nahrung des Täufers Johannes erwähnt.

MATTHÄUS 3
4 ... Und seine [Johannes] Nahrung waren Heuschrecken und wilder Honig.

Im Gegensatz zur zerstörerischen Aktivität der Wanderheuschrecken steht, dass die Menschen in den betroffenen Regionen das Eintreffen der Schwärme auch als willkommene kulinarische Abwechslung betrachten. Besonders Kinder erfreuen sich daran, einen Snack geradezu aus der Luft zu greifen.

Wanderheuschrecke

Quellen

Einleitung

Blume M. 2015. *Empirie statt Polemik: Die Evolutionsforschung zu Religiosität und Religionen. Naturwissenschaftliche Rundschau 68(10): 565-570.*
Brandstätter F. 1997. *Ethnobiologie von Sandrennattern. Tier und Museum 5(4): 112-115.*
Maxwell A.S. 1953. *Menschen in Gottes Hand. Hamburg (Saatkorn Verlag). Zehn Bände.*
Mawick R. 2008. *Wie ist die Bibel entstanden? Chrismon 05.2008: 22-23.*
Pritchard J. 1999. *Atlas of the Bible. Ann Arbor (Border's).*

Schöpfung

Bauer E. 1993. *Die sieben Weltwunder. Augsburg (Weltbild Verlag).*
Bellwinkel H.W. 1992. *Naturwissenschaftliche Themen im Werk von Thomas Mann. Naturwissenschaftliche Rundschau 45(5): 174-183.*
Höfling O. & Mirow B. 1979. *Physik. Band I. Bonn (Dümmler Verlag).*
Schroeder G.L. 1997. *The Science of God. New York (Broadway).*
Shapiro R. 1999. *Planetary Dreams. The Quest to Discover Life Beyond Earth. New York (John Wiley & Sons).*
Singh S. 1997. *Fermat's Enigma. Toronto (Penguin Books).*

Arche Noah

Brandstätter F., Haferkamp W. & Micheel M. 2010. *Was für ein Gewimmel – Die Tiere der Bibel für Kinder. Kevelaer (Lahn-Verlag).*
Förstemann E. 1852. *Ueber deutsche Volksetymologie. Zeitschrift für vergleichende Sprachforschung auf dem Gebiete des Deutschen, Griechischen und Lateinischen 1(1): 1–25.*
Slifkin N. 2000. *In Noah's footsteps. Biblical perspectives on the zoo. Jerusalem (Tisch Family).*

Adler/Geier

Bolshakov A.O. 2008. *Mut or not? On the meaning of a vulture sign on the hermitage statue of Amenemhat III. In: D'Auria S.H. (ed.), Servant of Mut. Leiden/Boston (Brill): 23-31.*
Brandstätter F., Othmer-Haake K. & Zeipelt S. 2015. *Einfach tierisch. Tiere der Bibel. Dortmund (Evangelische Kirche von Westfalen).*
France P. 1986. *An Encyclopedia of Bible Animals. London, Sydney (Croom Helm).*
Görtz V. 2013. *Tiere der Bibel. Stuttgart (Katholisches Bibelwerk).*
Reuter E. 2017. *Gott hat (k)eine tierische Seite. Der Gott Israels im Tierbild. Welt und Umwelt der Bibel 22(3): 14-18.*

Eulen

Bertau P. 2014. *Die Bedeutung historischer Vogelnamen – Nichtsingvögel. Band 1. Berlin, Heidelberg (Springer Verlag).*
Brandstätter F. 2010. *Biblische Tierwelten. Darwin trifft Noah. Dortmund (Niekao! Lernwelten).*
France P. 1986. *An Encyclopedia of Bible Animals. London & Sydney (Croom Helm).*
Görtz V. 2013. Tiere der Bibel. Stuttgart (Katholisches Bibelwerk).
Saunders N.J. 1995. *Animal Spirits. Boston, New York, Toronto, London (Little, Brown and Company).*

Schouten van der Velden A. 1992. *Dieren uit de Bijbel. Een inventarisatie en beschrijving. Nijkerk (G.F. Callenbach).*
Staubli T. 2001. *Tiergeographie des alten Palästina/Israel. In: Keel O. & Staubli T. (Hg.), „Im Schatten Deiner Flügel." Tiere in der Bibel und im alten Orient. Freiburg Schweiz (Universitätsverlag): 13-19.*

Tauben

Guter J. 2001. *Die Taube in der Kulturgeschichte und Kunst. Die Voliere 24(8): 241-243.*
Janowski R. 2017. *Kontakt mit dem Heiligen. Warum in Israel Tiere geopfert wurden. Welt und Umwelt der Bibel 22(3): 20-25.*
Schouten van der Velden A. 1992. *Dieren uit de Bijbel. Een inventarisatie en beschrijving. Nijkerk (G.F. Callenbach).*

Pfauen

Bohl R. 2005. *Pfauenzucht bei den Römern. Geflügel-Börse 126(18): 18-19.*
Deterts D. 2004. *Zwischen Himmel und Erde – Zur kulturellen Bedeutung der Feder. In: Deterts D., Gautier M. & Müller A. (Hg.), Federn kitzeln die Sinne. Bremen (Überseemuseum): 51-60, 162.*
Heiser L. 2002. *Die Mosaiken in der Brotvermehrungskirche. Frühchristliche Bildkatechesen (2). Das Heilige Land 134(1): 4-6.*

Störche

Felix J. 1977. *Das große Vogelbuch in Farbe. München (Mosaik Verlag).*
Gesner C. 1669. *Vollkommenes Vogel-Buch. Nachdruck von 1981. Hannover (Schlütersche Verlagsanstalt).*

Pelikane

France P. 1986. *An Encyclopedia of Bible Animals. London & Sydney (Croom Helm).*

Strauße

Couzens D. 2008. *Extreme Birds. The World's Most Extraordinary and Bizarre Birds. Buffalo (Firefly Books).*
Gesner C. 1669. *Vollkommenes Vogel-Buch. Nachdruck von 1981. Hannover (Schlütersche Verlagsanstalt).*
Luther D. 1995. *Die ausgestorbenen Vögel der Welt. Magedeburg (Westarp Wissenschaften).*
Paz U., Ilani G. & Tzon U. 1979. *Hai-Bar Arava. Biblical Wildlife Reserve. Noah's Ark in the Twentieth Century. Jerusalem (Palphot).*
Pritchard J. 1999. *Atlas of the Bible. Ann Arbor (Borders Press).*
Sommer J.G. 1846. *Biblische Abhandlungen. Erster Band. Bonn (H.B. König).*

Krokodile

Clark B. 1979. *The Paper Ark. New York (Everest House).*
Hekkala E., Shirley M.H., Amato G., Austin J.D., Charter S., Thorbjanarson J., Vliet K.A., Houck M.L., Desalle R. & Blum M.J. 2011. *An ancient icon reveals new mysteries: mummy DNA resurrects a cryptic species within the Nile crocodile. Molecular Ecology doi:10.1111/j.1365-294x.2011.05245.x*
Lewis R., 2017. *Romans, Egyptians, and crocodiles. Shakespeare Quarterly 68(4): 320-350.*
Porcier S.M., Berruyer C., Pasquali S., Ikram S., Berthet D. & Tafforeau P. 2019. *Wild crocodiles hunted to make mummies in Roman Egypt: evidence from synchrotron imaging. Journal of Archaeological Science doi:10.1016/j.jas.2019.105009.*
Saunders N.J. 1995. *Animal Spirits. Boston, New York, Toronto, London (Little, Brown and Company).*

Slifkin N. 2010. *Tzeforde'a: frogs or crocodiles? Jewish Bibel Quarterly 38(4): 251-255.*
Traulsen J. 2018. The Desert Father's beasts. Crocodiles in Medieval German monastic literature. Interfaces 5: 78-89.
Trutnau L. & Sommerlad R. 2006. *Krokodile. Biologie und Haltung. Frankfurt am Main (Edition Chimaira).*

Schlangen

Brandstätter F. 1996. *Die Sandrennattern. Magedeburg (Westarp Wissenschaften).*
Brandstätter F. 1997. *Ethnobiologie von Sandrennattern. Tier und Museum 5(4): 112-115.*
Brandstätter F. & Brandstätter C. 1993. *Mit dem Schlangenfänger unterwegs. DATZ 46(5) : 318-319.*
Gruber U. 1989. *Die Schlangen Europas und rund ums Mittelmeer. Stuttgart (Franckh'sche Verlagsbuchhandlung).*
Pianka E.R. & Vitt L.J. 2003. *Lizards. Windows to the Evolution of Diversity. Berkeley (University of California).*
Pritchard J. 1999. *Atlas of the Bible. Ann Arbor (Borders Press).*
Römer T. 2017. *Die Inkarnation von Weisheit und Bosheit. Die Schlange in der hebräischen Bibel. Welt und Umwelt der Bibel 22(3): 44-47.*
Schöpf H. 1988. *Fabeltiere. Wiesbaden (VMA).*

Fische

Brandstätter F., Othmer-Haake K. & Zeipelt S. 2015. *Einfach tierisch. Tiere der Bibel. Dortmund (Evangelische Kirche von Westfalen).*
Brehm A. 1900. *Brehms Tierleben. Die Säugetiere. Dritter Band. Leipzig, Wien (Bibliographisches Institut).*
Clark B. 1979. *The Paper Ark. New York (Everest House).*
Grof S. 2002. *HR Giger und die Seele des zwanzigsten Jahrhunderts. In: Icons. HR Giger. Köln (Taschen): 23-31.*
Rottloff A. 2005. *Von Drache, Basilisk und Phoenix. Antike Welt 36(5): 21-29.*
Shuker K.P.N. 2013. *Mirabilis. A Carnival of Cryptozoology and Unnatural History. San Antonio, Charlottesville (Anomalist Books).*

Lazarus-Tierarten

Balouet J.-C. 1990. *Extinct Species of the World. Lessons for our future. London (Charles Letts).*
Flessa K.W. & Jablonski D. 1983. *Extinction is here to stay. Paleobiology 9(4): 315-321.*
Lang R. 2014. *The Tasmanian Tiger: extinct or extant? Penrith (Strange Nation).*
Leicht B. 2017. *„Frag die Tiere, sie lehren dich". Zum Verhältnis Mensch – Tier in der Bibel. Welt und Umwelt der Bibel 22(3): 8-11.*
Meijaard E. & Nijman V. 2014. *Secrecy considerations for conserving Lazarus species. Biological Conservation 175: 21-24.*

Affen

Boessneck J. 1953. *Die Haustiere in Altägypten. Veröffentlichungen der Zoologischen Staatssammlung München 3: 1-50.*
Clark B. 1979. *The Paper Ark. New York (Everest House).*
Shuker K. 1996. *Weltatlas der rätselhaften Phänomene. Bindlach (Gondolino Verlag).*

Bären

Brandstätter F. 2019. *Andenbären als Aushängeschild für den Naturschutz in Südamerika. Tierschutz magazin 14: 10-11.*
Dittrich S. 1979. *Der biblische Zoo. Der Zoofreund 34: 7-9.*

Kirkinen T. 2017. *„Burning pelts“ – brown bear skins in the Iron Age and early medieval (0-1300 AD) burials in South-Eastern Fennoscandia. Estonian Journal of Archaeology 21,1. doi:10.3176/arch.2017.1*
Korhonen T. 1982. *Saaliseläimen talja kirkkhourina. Suomen Museolethi 89: 45-68.*
Pastoureau M. 2013. *Das mittelalterliche Bestiarium. Darmstadt (Primus Verlag).*

Wölfe und Füchse

Brandstätter F., Haferkamp W. & Micheel M. 2010. *Was für ein Gewimmel – Die Tiere der Bibel für Kinder. Kevelaer (Lahn-Verlag).*
Freund W. 1999. *Wolf unter Wölfen. Ein Leben als Mensch im Wolfsrudel. München (Augustus Verlag).*
Geisenhanslücke A. 2018. *Wolfsmänner. Zur Geschichte einer schwierigen Figur. Bielefeld (Transcript Verlag).*
Görtz V. 2013. *Tiere der Bibel. Stuttgart (Katholisches Bibelwerk).*
Sillero-Zubiri C. 2009. *Family Canidae (Dogs). In: Wilson D.E. & Mittermeier R.A. (eds.), Handbook of the Mammals of the World. 1. Carnivores. Barcelona (Lynx Editions): 352-446.*

Löwen

Antonius E. 2003. *Lexikon ausgestorbener Vögel und Säugetiere. Münster (Natur- und Tierverlag).*
Dittrich S. 1979. *Der biblische Zoo. Der Zoofreund 34: 7-9.*
Pastoureau M. 2013. *Das mittelalterliche Bestiarium. Darmstadt (Primus Verlag).*
Reuter E. 2017. *Gott hat (k)eine tierische Seite. Welt und Umwelt der Bibel 22(3): 14-18.*
Schouten van der Velden A. 1992. Dieren uit de Bijbel. Een inventarisatie en beschrijving. Nijkerk (G.F. Callenbach).
Staubli T. 2001. *Tiergeographie des antiken Palästina/Israel. In: Keel O. & Staubli T. (Hg.). „Im Schatten Deiner Flügel.“ Tiere in der Bibel und im Alten Orient. Freiburg Schweiz (Universitätsverlag): 13-19.*

Leoparden

Bilio M. 2012. *Geparden – düstere Zukunft für die früheren Jagdgefährten. Naturwissenschaftliche Rundschau 65(4): 198-200.*
Boessneck J. 1953. *Die Haustiere in Altägypten. Veröffentlichungen der Zoologischen Staatssammlung München 3: 1-50.*
Gaffiot F. 1934. *Dictionnaire Latin Francais. Paris (Hachette).*
Kitchener A.C., Breitenmoser-Würsten C., Eizirik E., Gentry A., Werdelin L., Wilting A., Yamaguchi N., Abramov A.V., Christiansen P., Driscoll C., Duckworth J.W., Johnson W., Luo S.-J., Meijaard E., O'Donoghue P., Sanderson J., Seymour K., Bruford M., Groves C., Hoffmann M., Nowell K., Timmons Z. & Tobe S., 2017. *A revised taxonomy of the Felidae. The final report of the Cat Classification Task Force of the IUCN/SSC Cat Specialist Group. Cat News Special Issue 11: 1-80.*
Pastoureau M. 2013. *Das mittelalterliche Bestiarium. Darmstadt (Primus Verlag).*
Treu U. 1998. Physiologus. Naturkunde in frühchristlicher Deutung. 3. Auflage. Hanau (Artia Verlag).
Wittstein G.C. 1881. *Die Naturgeschichte des Cajus Plinius Secundus. Erster Band (I.-VI. Buch). Leipzig (Gressner und Schramm).*

Hasen und Nicht-Kaninchen

Dines I. 2004. *The hare and its alter ego in the Middle Ages. Reinardus 17: 73-84.*
Dittrich S. & Dittrich L. 2004. *Lexikon der Tiersymbole. Petersberg (Michael Imhoff Verlag).*

Gesner C. 1669. *Thierbuch. Nachdruck von 1995. Hannover (Schlütersche Verlagsanstalt).*
Hoffmann R.S. & Smith A.T. 2005. *Order Lagomorpha. In: Wilson D.E. & Reeder D.M. (eds.), Mammal Species of the World. A Taxonomic and geographic Reference. Third Edition. Volume 1. Baltimore (Johns Hopkins University Press): 185-211.*
Kumerloeve H. 1975. *Die Säugetiere (Mammalia) Syriens und des Libanon. Veröffentlichungen der Zoologischen Staatssammlung München 18: 159-225.*
Pelizaeus A. 2009. *Greif, Löwe und Drache. Die Tierdarstellungen am Mainzer Dom – Provenienz und Nachfolge. In: Obermaier S. (Hg.), Tiere und Fabelwesen im Mittelalter. Berlin (de Gruyter): 181-205.*
Saunders N.J. 1995. *Animal Spirits. London (Duncan Baird Publishers).*
Sprinkle J.M. 2000. *The rationale of the laws of clean and unclean in the Old Testament. Journal of the Evangelical Theological Society 43(4): 637-657.*
Wilson D.E. & Reeder D.M. (eds.). 2005. *Mammal Species of the World. A Taxonomic and geographic Reference. Third Edition. Volume 1. Baltimore (Johns hopkins University Press).*
Zeuner F. 1967. *Geschichte der Haustiere. München (BLV).*

Haustiere
Pastoureau M. 2013. *Das mittelalterliche Bestiarium. Darmstadt (Primus Verlag).*

Esel
Boessneck J. 1953. *Die Haustiere in Altägypten. Veröffentlichungen der Zoologischen Staatssammlung München 3: 1-50.*
Zeuner F.E. 1967. *Geschichte der Haustiere. München (Bayerischer Landwirtschaftsverlag).*
Zoufal K. 2013. *Weißer Barockesel. Arche Austria 3/2013: 8-10.*

Flusspferde
Clark B. 1979. *The Paper Ark. New York (Everest House).*
Nowak R.M. 1999. *Walker's Mammals of the World. Sixth Edition. Baltimore, London (Johns hopkins University Press).*
Staubli T. 2001. *Tiergeographie des antiken Palästina/Israel. In: Keel O. & Staubli T. (Hg.), „Im Schatten Deiner Flügel" – Tiere in der Bibel und im alten Orient. Freiburg/Schweiz (Universitätsverlag): 13-19.*

Schweine
Boessneck J. 1953. *Die Haustiere in Altägypten. Veröffentlichungen der Zoologischen Staatssammlung München 3: 1-50.*
Carotta F. 1999. *War Jesus Cäsar? München (Goldmann).*
Koschorke A. 1995. *Schmutz. Zu Oskar Panizzas Studie über das Schwein. In: Düsterberg R. (Hg.), Oskar Panizza. Das Schwein in poetischer, mitologischer und sittengeschichtlicher Beziehung. München (belleville): 7-17.*
Pott A.F. 1861. *Zur Kulturgeschichte. Beiträge zur vergleichenden Sprachforschung auf dem Gebiete der arischen, celtischen und slavischen Sprachen 2: 195-216.*
Thöne Y.S. 2016. *Das Gleiche und das Andere. Die Tierordnungen der Tora. Bibel und Kirche 71(4): 208-213.*

Kamele
Altmann D. 1990. *Abstammung, Domestikation und Verbreitung. In: Legel S. (Hg.), Nutztiere der Tropen und Subtropen. Band 2. Büffel. Kamele. Schafe. Ziegen. Wildtiere. Kamele. Leipzig (S. Hirzel): 115-121.*
Pritchard J. 1999. *Atlas of the Bible. Ann Arbor (Border's).*

Saber A.S. 1998. *The camel in ancient Egypt. Proceedings of the Third Annual Meeting for Animal Production Under Arid Conditions Vol. 1: 208-215.*
Sapir-Hen L. & Ben-Yosef E. 2013. *The introduction of domestic camels to the Southern Levant: evidence from the Aravah Valley. Tel Aviv 40: 277-285.*

Schafe und Ziegen
Boessneck J. 1953. *Die Haustiere in Altägypten. Veröffentlichungen der Zoologischen Staatssammlung München 3: 1-50.*
France P. 1986. *An Encyclopedia of Bible Animals. London & Sydney (Croom Helm).*
Furger A.R., Windlin M., Deschler-Erb S. & Schibler J. 1992. *Der „römische" Haustierpark in Augusta Raurica. Augster Blätter zur Römerzeit 7: 1-50.*
Hintnaus J. 1988. *Bildatlas der Haus- und Hoftiere. München (Mosaik Verlag).*
Rieder H. 1984. *Schafe halten. Stuttgart (Ulmer Verlag).*
Weber, S. F. 2011. *Jesus als das Lamm in der Offenbarung des Johannes. In: „Siehe ich komme bald!" Einführung in das Buch der Offenbarung. Großheide (Selbstverlag): 58-60.*

Hausrinder
Boessneck J. 1953. *Die Haustiere in Altägypten. Veröffentlichungen der Zoologischen Staatssammlung München 3: 1-50.*
Nunn A. 2017. *Unter dem Schutz des Löwen. Götter und ihre Tiere im alten Mesopotamien. Welt und Umwelt der Bibel 22(3): 26-32.*
Pastoureau M. 2013. *Das mittelalterliche Bestiarium. Darmstadt (Primus Verlag).*
Sheler J.L. 2011. *The first christmas. In: Secrets of Christianity. The Real Jesus. U.S. News & World Report Collector's Edition. New York (U.S. News & World Report): 18-21.*

Hirsche
Gesner C. 1669. *Thierbuch. Nachdruck von 1995. Hannover (Schlütersche Verlagsanstalt).*
Pastoureau M. 2013. *Das mittelalterliche Bestiarium. Darmstadt (Primus Verlag).*

Wanderheuschrecken
Battran M. 2005. *Wanderheuschrecken – eine ständige Bedrohung Afrikas. Naturwissenschaftliche Rundschau 58(7): 357-362.*

Bildnachweis

Schöpfung
Delyth Williams, Pixabay

Arche Noah
Dim Hou, Pixabay

Wiedehopf
Anna Schavikin, Pixabay

Adler/Geier
Steppenadler – M. Kettner, Archiv Zoo Dortmund

Eulen
Steinkauz – K.-H. Ledvina, Archiv Zoo Dortmund
Uhu – Archiv Zoo Dortmund
Schleiereulen – Archiv Zoo Dortmund

Tauben
Turteltaube – K.-H. Ledvina, Archiv Zoo Dortmund

Pfauen
Pfau – K.-H. Ledvina, Archiv Zoo Dortmund

Störche
Weißstorch – Archiv Zoo Dortmund

Pelikane
Kormoran – K.-H. Ledvina, Archiv Zoo Dortmund

Strauße
Strauß – Kovbaskina, Pixabay
Straßenfamilie – Barbara Fraatz, Pixabay

Krokodile
Nilkrokodile – W. Hauth, Archiv Zoo Dortmund

Schlangen
Boa, Stirnlappenbasilisk, Ringelnatter – Archiv Zoo Dortmund

Fische
Wels – Kletr, stock.adobe.com

Affen
Grüne Meerkatze – W. Hauth, Archiv Zoo Dortmund

Bären
Braunbär – Alexas_Fotos, Pixabay

Wölfe und Füchse
Rudel Timberwölfe – WorldInMyEyes, Pixabay
Rotfuchs – skeeze, Pixabay
Schakal – Nici Keil, Pixabay

Löwen
Löwen – Archiv Zoo Dortmund

Leoparden
Amurleopard – Florian Sicks, Archiv Zoo Dortmund
Gepard – Borja Blanco Cinza, Pixabay

Hasen und Nicht-Kaninchen
Feldhase – Hans Benn, Pixabay
Wildkaninchen – Holger Langmaier, Pixabay

Haustiere
jarekgrafik, Pixabay

Esel
Grausesel – Archiv Zoo Dortmund

Flusspferde
Flusspferd – M. Patschke, Archiv Zoo Dortmund

Schweine
Husumer Protestschwein – Archiv Zoo Dortmund

Kamele
Dromedar – Wolfgang_Hasselmann, Pixabay
Zweihöckriges Kamel oder Trampeltier – K.-H. Ledvina, Archiv Zoo Dortmund

Schafe und Ziegen
Zwergziegen, Ziegenbock, Skudde – Archiv Zoo Dortmund

Hausrinder
Zebuherde – DEZALB, Pixabay

Hirsche
Rothirsch – K.-H. Ledvina, Archiv Zoo Dortmund

Wanderheuschrecken
Heuschreckenschwarm – Bishnu Sarangi, Pixabay
Heuschrecke – Anke Sundermeier auf Pixaba
Wanderheuschrecke – Neiko2002, Pixabay

Vita
Frank Brandstätter – OCM Verlag

Die Fotos der dargestellten Tiere aus dem Zoo Dortmund (auch die namentlich gekennzeichneten) stammen aus dem Archiv des Zoos und dürfen (da, wo gekennzeichnet mit Name des Fotografen) uneingeschränkt genutzt werden.

Dr. Frank Brandstätter

- geboren 1966 im saarländischen Neunkirchen
- Studium der Biologie mit Hauptfach Zoologie an der Universität des Saarlandes (Saarbrücken)
- Promotion als Zoologe 1995 Universität des Saarlandes und Zoologisches Forschungsinstitut und Museum Alexander Koenig (Bonn)
- 1995 bis 2001 Zoodirektor in Neunkirchen
- seit 2001 Zoodirektor in Dortmund
- damit einer der dienstältesten Zoodirektoren in Deutschland
- zahlreiche wissenschaftliche und populärwissenschaftliche Publikationen, darunter auch Buchpublikationen (Schwerpunkte: Tiere der Bibel, Tiergartenbiologie, Ethologie, Taxonomie)

Der **OCM Verlag** wurde 2010 gegründet. Unsere Bücher sind keine Fließbandprodukte, sondern verlangen jedes Mal aufs Neue den vollen Einsatz des kleinen Verlagsteams, das mit Herzblut dabei ist.

Es ist zum Teil außergewöhnliche Literatur, die hier ihren Platz hat. Als unabhängiger Verlag nehmen wir uns diese Freiheit.
Neben mörderischen Kurzgeschichten, spannenden Krimis und aufreibenden Thrillern mit ungewöhnlichen Protagonisten, liegt unser Fokus auf humorvollen und einfühlsamen Romanen und Erzählungen.
Aber auch bewegende gesellschaftliche Themen werden verarbeitet.

OCM Der Verlag
Sölder Straße 152
44289 Dortmund

www.ocm-verlag.de